Coroncina e Novena alla Divina Misericordia

SHALOM

Testi: **Tratti dal diario di Santa Faustina Kowalska**

ISBN 978-88-86616-96-6

Per ordinare questo libro citare il codice 8189

Per gli ordini rivolgersi alla:

TOTUS TUUS

Editrice Shalom
Via Galvani, 1 (Zona Industriale)
60020 Camerata Picena (An)

Tel. 071. 74 50 440 r.a.
dal lunedì al venerdì
dalle 9.00 alle 19.00

NumeroVerde **800 03 04 05** **solo ordini**

Fax 071. 74 50 140
sempre attivo in qualsiasi ora
del giorno e della notte.

e-mail: ordina@editriceshalom.it
http:// www.editriceshalom.it

Indice

Altre preghiere

Primo Congresso Mondiale sulla Divina Misericordia Roma 1-6 aprile 2008

Relazione d'apertura a cura del Card. Schönborn, arcivescovo di Vienna

Eminenze, Eccellenze, cari partecipanti a questo primo Congresso sulla Divina Misericordia!

"Misericordias Domini in aeternum cantabo!", "Le tue misericordie o Signore, voglio cantare in eterno!" (Sal 89,2). Veramente possiamo lodare oggi, in questo terzo "dies natalis" del Servo di Dio papa Giovanni Paolo II, la Misericordia del Signore. Insieme al Santo Padre, papa Benedetto, volgiamo in alto lo sguardo a quella finestra al terzo piano del Palazzo Apostolico, alla finestra del Papa, e torniamo con il ricordo al 2 aprile del 2005. Era la sera che precede la "Domenica in Albis", la vigilia della Festa della Misericordia. Davvero tutto il mondo aveva gli occhi rivolti su a quella finestra, sapendo che il Papa stava per morire.

La malattia del Papa si era protratta già da lungo tempo. Egli non era più in grado di celebrare di persona le funzioni della Settimana Santa.

A molti è rimasto, indelebile, il ricordo di come il

Papa, la domenica di Pasqua, apparve alla finestra per la benedizione Urbi et Orbi: voleva indirizzare un saluto pasquale alle molte persone radunate in Piazza San Pietro e davanti ai televisori.

Non poteva più parlare. Solo un gesto, muto, di benedizione e quel volto sofferente, indimenticabile, dell'amato Papa. Fu questo il suo ultimo saluto, la sua ultima apparizione alla finestra.

Il venerdì, primo aprile, ebbi la gioia di celebrare l'Eucaristia con diversi Cardinali e Vescovi, nella sala dell'Ultima Cena, a Gerusalemme.

in foto: Suor Elvira Petrozzi, fondatrice della Comunità Cenacolo, il Card. Christoph Schonborn, Arcivescovo di Vienna e promotore del primo Congresso mondiale della Divina Misericordia, il Card. Camillo Ruini e il Card. Stanislaw Dziwisz.

All'inizio della Santa Messa arrivò la notizia che il Papa era in fin di vita e che avrebbe potuto lasciarci da un momento all'altro. Era molto commovente pregare per il Santo Padre e celebrare l'Eucaristia proprio nella sala dell'Ultima Cena a Gerusalemme. Verso la fine della Santa Messa arrivò la notizia che il Santo Padre stava di nuovo un po' meglio. Il mio primo pensiero fu: che il Signore lo prenda con sé la domenica della Misericordia! Questa sarebbe stata, per così dire, la giusta data di morte per papa Giovanni Paolo II.

Il Servo di Dio Giovanni Paolo II: Il Papa della Misericordia

Ci ricordiamo come si svolsero poi gli avvenimenti. Penso che il Cardinale Dziwisz sia il testimone più autorevole di quelle ore; come pure il Cardinale Ruini, anch'egli presente. Alle otto di sera del sabato 2 aprile, quindi, secondo l'uso liturgico, già all'inizio della domenica (la domenica inizia infatti, liturgicamente, con i vespri del sabato sera, chiamati perciò a giusto titolo "i primi Vespri della domenica"), il segretario del Santo Padre celebrò ancora una volta la Santa Messa al letto di morte del Papa.

Era già la Messa della domenica della Misericordia. Per l'ultima volta il Santo Padre ricevette la Comunione, sotto forma di alcune gocce del

Sangue prezioso di Cristo, e alle 21 e 37 tornò alla casa del Padre misericordioso. Così il suo cammino terreno finì il giorno della "Domenica della Misericordia", festa che egli stesso aveva introdotto nell'anno del giubileo del 2000. Allora, nella domenica in Albis dell'anno 2000, insieme alla nuova denominazione di questa domenica dell'ottava di Pasqua, egli aveva anche canonizzato suor Maria Faustina Kowalska, la prima santa del nuovo millennio. È difficile, anzi impossibile, non ravvisare in questa coincidenza un "segno del Cielo". Non ha messo Dio stesso "la sua firma" sotto tutto un programma di vita, che papa Giovanni Paolo II ha ripetutamente caratterizzato, in modo del tutto esplicito, come la sua missione?

Nel 1997, a Łagiewniki, nel luogo in cui ha vissuto ed è sepolta suor Faustina, egli dichiarò: "Il messaggio della Divina Misericordia ha in un certo senso formato l'immagine del mio pontificato".

Vi invito così a considerare un po', insieme, il cammino che papa Giovanni Paolo II ha percorso con questo mistero, come lo abbia sperimentato, vissuto, ponderato e come lo abbia trasmesso a tutti noi. In occasione della sua ultima visita in Polonia – era l'addio alla sua patria, nel 2002 – il Papa ha consacrato la nuova basilica di Łagiewniki, il Santuario della Divina Misericordia. Vorrei citare qualche frase da quella predica, che per me rappresenta come una sorta di mandato per la Chiesa, per la sua patria polacca, ma anche per tutta la Chiesa mondiale. Era come un'intima richiesta del Papa ed in fondo una richiesta di Gesù al nostro tempo.

Confesso che le parole pronunciate allora da papa Giovanni Paolo II rappresentano per me quasi un incarico, direi quasi, una missione. Allora, il 17 agosto 2002 egli a Łagiewniki disse:"Quanto bisogno della Misericordia di Dio ha il mondo di oggi! In tutti i continenti, dal profondo della sofferenza umana, sembra alzarsi l'invocazione della Misericordia. Dove dominano l'odio e la sete di vendetta, dove la guerra porta il dolore e la morte degli innocenti, là è necessaria la grazia della Misericordia, per placare le menti e i cuori, e per far scaturire la pace. Dove viene meno il rispetto per la vita e la dignità dell'uomo, è necessario l'amore misericordioso di Dio, alla cui luce si manifesta l'inesprimibile valore di ogni essere umano. Abbiamo bisogno della Misericordia per far sì che ogni ingiustizia nel mondo trovi il suo termine nello splendore della verità". Seguirono quindi queste solenni parole che davvero rappresentano una sorta di testamento di questo grande Papa: "Perciò oggi, in questo Santuario, voglio solennemente affidare il mondo alla Divina Misericordia.

Lo faccio con il desiderio ardente che il messaggio dell'amore misericordioso di Dio, qui proclamato mediante suor Faustina, giunga a tutti gli abitanti della terra e ne riempia i cuori di speranza. Tale messaggio si diffonda da questo luogo nell'intera nostra amata Patria e nel mondo. Si compia la salda promessa del Signore Gesù: da qui uscirà 'la scintilla che preparerà il mondo alla Mia ultima venuta'. Dobbiamo accendere questa scintilla della grazia di Dio e trasmettere al mondo questo fuoco della Misericordia.

Nella Misericordia di Dio il mondo troverà la pace, e l'uomo la felicità!

Affido questo compito a voi, carissimi Fratelli e Sorelle. Siate testimoni della Misericordia!". Penso che queste parole del grande Papa, lasciate come un testamento in Polonia, in occasione del suo ultimo viaggio, un giorno prima della sua partenza, siano come una direttiva per il nostro tempo a tutta la Chiesa. Esse sono anche, in un certo qual modo, le "madrine di battesimo" di questo congresso. Vogliamo intendere come un mandato il suo appello: "Siate testimoni della Misericordia!". Poi accadde qualcosa di molto commovente: al termine della celebrazione eucaristica, il Santo Padre parlò, del tutto spontaneamente, di alcuni ricordi personali. In quelle frasi si nota come il tema della Divina Misericordia fosse profondamente ancorato nella sua vita, come fosse proprio, in un certo senso, il fermaglio che la tiene insieme tutta. Già all'inizio del suo difficile cammino verso il sacerdozio c'è l'incontro con il messaggio della Divina Misericordia, ed esso fu il sigillo della sua ora di morte.

Cito quanto egli disse allora, il 17 agosto del 2002: "Alla fine di questa solenne liturgia desidero osservare che molti dei miei ricordi personali sono legati a questo luogo, a Łagiewniki, un sobborgo di Cracovia. Venivo qui soprattutto durante l'occupazione nazista quando lavoravo nel vicino stabilimento Solvay. Ancora oggi ricordo la via che porta da Borek Falecki a Debniki. La percorrevo tutti i giorni andando a lavorare in diversi turni, con le scarpe di legno ai piedi. Chi avrebbe creduto che quell'uomo con gli zoccoli un giorno avrebbe consacrato la basilica della Divina Misericordia a Łagiewniki di Cracovia?".

Nel 1942 Karol Wojtyla era entrato nel "Seminario segreto" fondato dal Cardinale Sapieha, il coraggioso Arcivescovo di Cracovia. Un compagno di seminario, Andreas Deskur, oggi Cardinale della Curia in sedia a rotelle, gravemente malato, gli aveva richiamato l'attenzione sul messaggio della Divina Misericordia di una certa suora Faustina Kowalska, nata nel 1905 e morta, trentatreenne, nel 1938. Dunque a quel tempo egli sapeva già di questa semplice suora, davanti al cui monastero passava ogni giorno per andare al lavoro, al lavoro forzato nella fabbrica chimica. Già a quel tempo egli sapeva di lei ed aveva sentito parlare dei messaggi che lei riceveva da Gesù e che sono riportati in maniera così coinvolgente nel suo diario. Karol Wojtyla, come Vescovo Ausiliare di Cracovia ed in seguito come Arcivescovo e Cardinale, si prodigò molto per la beatificazione di suor Faustina.

Dovette superare alcune resistenze perché il Santo Uffizio, come allora si chiamava l'attuale Congregazione per la Dottrina della Fede a Roma, nutriva grosse riserve sugli scritti di suor Faustina. In seguito risultò che ciò era dovuto soprattutto a traduzioni sbagliate ed equivoche. Infine, come papa, Giovanni Paolo II ha potuto infine beatificare suor Faustina nel 1993 e canonizzarla nell'anno 2000.

Egli ha ripetutamente sottolineato come il tema della Misericordia fosse centrale nella sua vita. Ma nei messaggi di suor Faustina, che in fondo non dicono nulla di diverso da quanto ci dice il Vangelo, egli vide soprattutto una risposta alle indescrivibili proporzioni assunte dal male nel ventesimo secolo e di cui egli stesso, nella sua vita, fu testimone: gli orrori del nazionalsocialismo, le incredibili sofferenze della popolazione polacca durante l'occupazione nazista, e il successivo comunismo. Volgendo lo sguardo a quegli anni di dolore, nel 1997 egli disse: "Il messaggio della Divina Misericordia mi è stato sempre caro e vicino. È come se la storia lo avesse iscritto nella tragica esperienza della seconda guerra mondiale.

In quegli anni difficili, esso fu un particolare sostegno e una fonte inesauribile di speranza, non soltanto per gli abitanti di Cracovia, ma per l'intera nazione polacca. Questa è stata anche la mia esperienza personale che ho portato con me sulla Sede di Pietro e che, in un certo senso, forma l'immagine del mio pontificato".

Ora naturalmente dobbiamo porci la domanda: "Papa Giovanni Paolo II voleva promuovere con ciò una particolare forma di devozione?" Voi tutti conoscete l'immagine di Gesù Misericordioso di Łagiewniki di Cracovia, con i raggi che si dipartono da lui, conoscete la coroncina alla Divina Misericordia, l'ora della Misericordia. Certamente, egli ha apprezzato queste forme di devozione, ma le ha tematizzate piuttosto raramente. Egli trovò però, nelle parole, nei messaggi che suor Faustina ricevette da Gesù e che trasmise in un linguaggio del tutto semplice, la risposta ai grandi quesiti e alle sfide del nostro tempo. Papa Giovanni Paolo II ha riflettuto, alla luce di questi messaggi, per tutta la vita, sull'inesauribile mistero della Divina Misericordia. Questo mistero ha plasmato il suo operato di sacerdote, di Vescovo e di Papa ed ha toccato, attraverso la sua persona, un numero infinito di uomini in tutto il mondo. Egli era davvero un "testimone" unico "della Misericordia".

Prima di affrontare il tema della Misericordia nel suo contenuto, vorrei premettere una breve osservazione circa le "rivelazioni private". Che valore hanno? In che modo esse sono "vincolanti"? Ascoltiamo cosa dice a proposito il "Catechismo della Chiesa Cattolica": "Lungo i secoli ci sono state delle rivelazioni chiamate 'private' , alcune delle quali sono state riconosciute dall'autorità della Chiesa. Esse non appartengono tuttavia al deposito della fede. Il loro ruolo non è quello di 'migliorare' o di 'completare' la Rivelazione definitiva di Cristo, ma di aiutare a viverla più pienamente in una determinata epoca storica. Guidato dal Magistero della Chiesa, il senso dei fedeli sa discernere e accogliere ciò che in queste rivelazioni costituisce un appello autentico di Cristo o dei suoi santi alla Chiesa" (n. 67). Le "rivelazioni private" ricevute da suor Faustina aiutano di certo a vivere più pienamente la Rivelazione di Cristo "in una determinata epoca storica". E senza dubbio si riscontra anche, in esse, "un appello autentico di Cristo… alla Chiesa". Proprio oggi, nel terzo anniversario della morte del grande Papa della Misericordia, noi che da tutte le parti della terra siamo convenuti a questo congresso, desideriamo sforzarci insieme, di ascoltare e di accogliere questo appello di Cristo alla Chiesa di oggi. Sia Cristo stesso ad aiutarci a capire più profondamente il suo desiderio, così spesso raccomandato al cuore di santa Faustina: che tutti gli uomini conoscano la sua Misericordia, la sperimentino e la vivano di persona.

in foto: Suor Elzbieta Siepak C.S.B.V.M.M.

La Misericordia di Dio: il centro della fede cristiana

Mi piacerebbe considerare, insieme a voi tutti, così tante cose, in questo breve tempo, ora che ci chiediamo quali siano, dunque, i punti più importanti nella dottrina della Misericordia di Dio. Ma devo limitarmi molto: parlerò prima della Misericordia di Dio nell'Antico Testamento, rivolgerò poi lo sguardo a Gesù, la Misericordia di Dio in persona. Infine offrirò alcune indicazioni su come poter vivere più profondamente, noi stessi, il mistero della Misericordia.

La Misericordia di Dio - Il cuore dell'Antico Testamento

Esiste ancora, purtroppo, l'immagine distorta che il Dio dell'Antico Testamento sia un Dio adirato e il Dio del Nuovo Testamento un Dio benevolo. In realtà, la cosa è del tutto diversa. L'Antico Testamento è una grande scuola della Misericordia di Dio. Dio si rivela a Mosè come "un Dio misericordioso e pietoso, lento all'ira e ricco di grazia e di fedeltà" (Es 34,6; cfr. CCC 210). La sua ira non è come la nostra. La sua ira è solo il rovescio del suo amore appassionato. La sua collera è l'espressione della sua premura. Non è lui che ha bisogno del suo popolo, ma è il suo popolo che ha bisogno di lui. È l'allontanarsi del suo popolo da lui a portare infelicità e miseria.

"Perché...il mio popolo ha abbandonato me, sorgente di acqua viva, per scavarsi cisterne, cisterne screpolate, che non tengono l'acqua" (Ger 2,13). L'amore di Dio per il suo popolo è di una fedeltà inimmaginabile. Ma è anche veritiero. La sua Misericordia si manifesta in primo luogo nel fatto che essa palesa la verità. Esiste una religione nella quale vengano messi a nudo e castigati, con una critica così inesorabile, spietata, tutti gli errori della propria comunità? Gli errori vengono nominati senza riguardi, ogni fallimento viene chiamato per nome. A tutti, dal re alle persone più semplici, vengono rimproverati i propri errori, in modo apparentemente impietoso. Ma proprio in questo si manifesta la Misericordia di Dio. Essa non può mai esistere senza la verità.

Essa può guarire solo se formula la diagnosi in modo del tutto onesto e chiaro.

L'Antico Testamento mostra la grandiosa Misericordia di Dio per i peccati del suo popolo. Ma i peccati non vengono né minimizzati, né banalizzati. Cristo porterà ciò a compimento: la sua Misericordia non è mai senza la verità. Gli ipocriti non possono trovare pietà perché si comportano come se non avessero bisogno di commiserazione alcuna.

La Misericordia può "attecchire" solo là dove i peccati si chiamano per nome. Ma, viceversa, è possibile fissare lo sguardo sulla propria miseria, vedere i propri peccati e riconoscerli, solo nell'incontro con la Misericordia di Dio. Rivelare la propria colpa di fronte a un giudice impietoso sarebbe, in un certo senso, un suicidio. Solo di fronte all'amore di Dio che odia il peccato, ma ama il peccatore, è possibile riconoscere e confessare il proprio peccato. Come un bambino che ne ha fatta una delle sue, il peccatore può correre verso Dio e gettarsi nelle sue braccia misericordiose. Solo la fiducia in Dio, in Gesù ("Jezu, ufam tobìe", "Gesù, confido in te") fa sì che ci si possa pentire dei propri peccati veramente per amore di Dio. Si rimprovera volentieri la Bibbia e il Cristianesimo di parlare in continuazione del peccato.

È vero: la nostra liturgia parla molto del peccato. Ma ciò non dipende anche dal fatto che noi confidiamo nella Misericordia di Dio? Siccome noi crediamo e abbiamo fiducia nel fatto che Dio sia infinitamente misericordioso, non abbiamo bisogno di nascondere i peccati, di negare i nostri errori, di dichiarare continuamente la nostra innocenza.

Solo così possiamo capire perché i grandi santi si ritenessero così grandi peccatori.

Essi vedevano, alla luce della Misericordia di Dio, quanto fossero ancora peccatori, e quanto profonda fosse la propria miseria. Citerò in conclusione un testo sorprendente di suor Faustina che chiarifica la cosa. L'Antico Testamento è davvero la grande storia d'amore di Dio con il suo popolo, la scuola della Misericordia. Ma soltanto in Gesù Cristo si rivela l'intera misura della Misericordia di Dio. Egli è la Misericordia di Dio "in persona".

in foto: Mons. Domenico Cancian, religioso della Congregazione dei Figli dell'Amore Misericordioso, Vescovo di Città di Castello e coordinatore per l'Italia del primo Congresso mondiale della Divina Misericordia.

Gesù, "l'Incarnazione" della Misericordia di Dio

Gesù stesso ci fornisce la prova migliore che il Dio dell'Antico Testamento è il Dio misericordioso. Come "formula breve" per la via alla santità ci dice semplicemente questo: "Siate misericordiosi, come è misericordioso il Padre vostro" (Lc 6,36). Vivere la Misericordia significa dunque essere così perfetti "come è perfetto il Padre vostro celeste" (Mt 5, 48). Ma come è misericordioso il nostro Padre celeste? Lo sappiamo? Come possiamo impararlo? Come ci deve entrare, per così dire, "nel sangue", così da conoscere spontaneamente, dall'intimo del cuore, la Misericordia di Dio, da portarla dentro di noi ed amarla? Come possiamo, noi poveri peccatori, riflettere la perfezione di Dio proprio nella Misericordia? Dio ci ha rivelato questa via verso la sua perfezione. A ciò egli ha preparato il suo popolo lungo tutto l'Antico Testamento. "Quando venne la pienezza del tempo, Dio mandò il suo Figlio" (Gal 4,4). Adesso noi possiamo vedere, in una forma umana, la Misericordia di Dio. E possiamo apprendere, in comunione con Gesù, la Misericordia di suo Padre. Vivendo in comunione con Gesù possiamo diventare suoi seguaci, suoi discepoli.

Egli può mostrarci la Misericordia del suo Cuore. Può, ancora di più, imprimerla in noi, formarci secondo il suo Cuore. Questa è la via nuova che il Padre ci ha dischiuso. Come, altrimenti, potremmo conoscere la Misericordia di Dio, se non potessimo vederla nel volto umano di Gesù? La Misericordia di Gesù è dunque la nostra via per diventare simili a Dio. Così dobbiamo pregare lui di mostrarci la sua Misericordia. Pregherò in conclusione santa Faustina di darci la sua parola, che ci sia qui di aiuto. Spesso nel Vangelo vediamo Gesù preso dalla Misericordia. Riporto qui solo tre esempi: la vedova di Nain (Lc 7,11-15). Il suo figlio unico è morto. Lo portano fuori dalla città. Gesù incontra il corteo funebre. Quando Gesù vide la vedova "fu preso da compassione", letteralmente: "si commosse fino alle viscere". Un'altra volta è la vista e l'accorata supplica di un lebbroso a commuovere profondamente Gesù (cfr. Mc 1,41 ss.).

Un'altra volta ancora, sono due ciechi che, con la loro miseria, suscitano la profonda compassione di Gesù (cfr. Mt 20,34). Che cos'è la Misericordia? È una reazione spontanea, naturale, alla miseria del prossimo?

Oppure Gesù ha portato dal cielo sulla terra, con la sua Misericordia, un atteggiamento nuovo? Alcuni cercano, oggi, di far passare l'eutanasia per Misericordia. Non è crudele lasciare che un malato si contorca nel dolore fino alla morte? Non è misericordioso abbreviare la sua sofferenza? Dà da pensare, che i promotori dell'eutanasia debbano, per così dire, "abbellire" l'uccisione di un malato, per poterla difendere. Come cristiani dobbiamo cercare di chiamare le cose con il loro nome, di porle alla luce della verità. Un amico, medico, mi ha confidato come si comporta di fronte a richieste di eutanasia. Quando vengono persone a dirgli: "Dottore, nostra nonna soffre tanto, non potrebbe accorciarle le sofferenze, sa, con una piccola puntura…". Egli risponde: "Ma uccidetela voi stessi, vostra nonna!". Con una parola è tutto chiaro: l'eutanasia è un omicidio, anche se la si nasconde sotto il mantello della Misericordia. La Misericordia è un atteggiamento fondamentale dell'uomo. Non a caso equipariamo la mancanza di Misericordia con la mancanza di umanità. Chi di fronte al dolore, a chi patisce, com-patisce, si comporta da vero uomo.

Chi si prende gioco del dolore, si comporta in modo disumano. In questo senso, la Misericordia di Gesù ha tratti semplicemente umani. Alla scuola di Gesù, impariamo le semplici virtù dell'uomo.

Dobbiamo, dunque, essere misericordiosi, per essere davvero umani. Qualcosa protesta dentro di me: io non posso però essere misericordioso verso tutti!

E poi, la Misericordia non è come un "guardare dall'alto in basso"? Non abbiamo piuttosto bisogno di giustizia che di Misericordia? Nella mia gioventù –

appartengo alla cosiddetta generazione dei sessantottini – questo era un grande tema: cambiare le strutture, non cospargere qua e là un po' di compassione. Era questa la tentazione del marxismo: di dover cambiare radicalmente la società.

A quel tempo si riteneva che le singole opere di Misericordia cementassero soltanto le ingiuste strutture. La questione è davvero assillante: Gesù ha cambiato veramente il mondo? Perché continuano ancora ad esserci la guerra, la fame, la sofferenza? Gesù ha eliminato la miseria solo a quel tempo? Ha aiutato singole persone, ma ciò è servito a qualcosa? Gesù stesso fece notare, in maniera del tutto provocante, a Nazareth, la sua patria, che già prima di lui solo pochi venivano guariti dai profeti, e la stessa cosa avveniva con Gesù (cfr. Lc 4,27). Conosciamo questo dilemma: a cosa serve mai la Misericordia in casi singoli, per i molti altri che si trovano nella stessa situazione? Dobbiamo allora rinunciare alla Misericordia, visto che essa non risolve poi un gran che?

Gesù ha risposto a questa domanda con la parabola della Misericordia del buon samaritano: "Un uomo scendeva da Gerusalemme a Gerico e incappò nei briganti... Un dottore della legge chiese: 'Chi è il mio prossimo?'" proprio a causa di questa difficoltà: che io non posso amare tutti gli uomini! Non posso essere misericordioso con tutti! Ma non si tratta di questo. La Misericordia non è un sentimento vago di "amore universale". Essa è concreta.

Nel racconto di Gesù, un sacerdote e un levita passano per la strada. Vedono quell'uomo mezzo morto, derubato e passano oltre cambiando il lato della strada. Avevano forse motivi ragionevoli per farlo: avevano, per esempio, paura di venire aggrediti essi stessi. I briganti potevano essere ancora nelle vicinanze. Il samaritano agisce in modo umano: è preso da profonda compassione. Fa quello che la situazione richiede. Interrompe tutti i suoi programmi di viaggio, impegni e appuntamenti, e si cura del ferito grave. "Chi di questi tre ti sembra sia stato il prossimo di colui che è incappato nei briganti?".

La risposta è inevitabile: "Chi ha avuto compassione di lui" (cfr. Lc 10,25-37). La Misericordia è concreta. Non riguarda in qualche modo un po' tutti, ma colui che, qui ed ora, ha bisogno del mio aiuto. Tutti noi però abbiamo bisogno di aiuto. Tutti abbiamo bisogno di Misericordia! Sì, certo! Ma lo sappiamo già? Non crediamo molto spesso di non aver bisogno di nessun aiuto e, a maggior ragione, di nessuna Misericordia? Questa cosa mi è diventata particolarmente chiara nel mio lavoro con le persone dipendenti, in particolar modo con gli alcolizzati.

Essi spesso ritengono di non avere bisogno di nessun aiuto: “Ce la faccio da solo!”. Ma non ce la fanno! Si ingannano e cercano di ingannare gli altri.

Credono di poterlo nascondere. Tutti sono già al corrente della loro dipendenza, ma essi continuano a credere di farcela da soli. Come può “far presa” qui la Misericordia, se manca la comprensione della propria miseria? Sentiremo qui, attraverso la testimonianza di suor Elvira, cose preziose, di come il Signore possa fare breccia nelle mura della dipendenza.

La dipendenza è per me una similitudine per tutti noi che confidiamo ancora troppo poco nella Misericordia di Gesù. Gesù sa di quanta Misericordia abbiamo bisogno. Noi, spesso questo non lo capiamo ancora, o ancora troppo poco.

Il messaggio di Gesù, circa la Misericordia di suo Padre, fu rifiutato in diversi modi. Perché? La Bibbia ha solo una risposta a ciò: a causa della durezza di cuore. Ogni giorno cominciamo la preghiera delle Ore della Chiesa con il Salmo 95:“Venite, applaudiamo al Signore…”. Ed ogni giorno mi tocca un verso di questo salmo: “Ascoltate oggi la sua voce! Non indurite il cuore, come a Merìba, come nel giorno di Massa nel deserto” (Sal 95, 8). L’indurimento di cuore è il contrario della Misericordia.

Quanto dobbiamo implorare che il nostro cuore

non diventi “poròs”, indurito, di pietra! Non deve ottundersi, diventare insensibile! Proprio questo è infatti il peccato primario dell’uomo nei confronti di Dio, e sempre poi anche nei confronti del prossimo.

L’indurimento di cuore è distacco da Dio e perdita della propria umanità. Il nostro indurimento di cuore è causa di così tanto dolore fra noi uomini. Esso è anche la causa della morte di Gesù. È lui che lo ha portato alla croce. È lui che lo ha crocifisso! Solo l’amore di Dio che arriva fino alla croce può aprire una breccia nei nostri cuori induriti. Egli ha mostrato il suo amore per noi dando la sua vita per i suoi nemici. Solo questo eccesso di Misericordia verso coloro che lo uccidono, può aprire i cuori.

La Misericordia comincia a raggiungere la misura piena di Cristo solo dove essa incontra la durezza di cuore. Soltanto la Misericordia, apparentemente impotente, può sciogliere i cuori impietriti.

Questo ha sperimentato il buon ladrone a destra della croce, e per questo egli è il primo in paradiso: “In verità ti dico, oggi sarai con me nel paradiso” (Lc 23, 43). È questo che da allora hanno sperimentato tutti quelli che hanno incontrato l’Amore crocifisso del Signore.

Di fronte alla croce comprendiamo che la Misericordia di Dio non è la conseguenza, bensì la causa della nostra Misericordia. Non noi abbiamo "fatto cambiare di umore" Dio, così che egli non è più adirato, ma misericordioso verso di noi. È la sua Misericordia a precedere la nostra e a renderla possibile. Per questo vogliamo, per questo possiamo, "lodare la sua Misericordia in eterno". Cari fratelli e sorelle! Qui in realtà dovrebbe terminare la mia relazione. Tuttavia devo mantenere ancora una promessa.

In due punti ho accennato a santa Faustina, a testi del suo Diario che ho promesso di citare. Oggi devo lasciare a lei l'ultima parola, alla grande santa della Misericordia.

Ella, la semplice suora, deve essere per noi, per i prossimi giorni di questo congresso, una forte protettrice, e colei che ci indica il cammino. Il primo testo lo ha scritto il 10 ottobre 1937 (Diario n. 1318), appena un anno prima della morte: "O mio Gesù, in segno di riconoscenza per tante grazie, ti offro l'anima ed il corpo, l'intelletto e la volontà e tutti i sentimenti del mio cuore. Coi voti mi sono data tutta a te, non ho più nulla da poterti offrire. Gesù mi disse: 'Figlia mia, non mi hai offerto quello che è effettivamente tuo'.

Mi concentrai in me stessa e mi resi conto che amavo Iddio con tutte le forze della mia anima e, non riuscendo a conoscere che cos'era che non avevo dato al Signore, domandai: 'Gesù, dimmelo e te lo do immediatamente con generosità di cuore'. Gesù mi disse con amabilità: 'Figlia, dammi la tua miseria, che è l'unica tua esclusiva proprietà'. In quel momento un raggio di luce rischiarò la mia anima e conobbi tutto l'abisso della mia miseria.

In quello stesso istante mi strinsi al Sacratissimo Cuore di Gesù con tanta fiducia che, anche se avessi avuto sulla coscienza i peccati di tutti i dannati, non avrei dubitato della Divina Misericordia, ma col cuore ridotto in polvere, mi sarei gettata nell'abisso della tua Misericordia. Credo, Gesù, che non mi avresti respinta da te, ma mi avresti assolta per mano di un tuo rappresentante". "Dammi la tua miseria, che è l'unica tua esclusiva proprietà".

Tutto il resto lo abbiamo ricevuto in dono da Dio, il corpo e l'anima, la vita e i talenti, le grazie e le virtù. Solo la nostra miseria ci appartiene del tutto! Che invito ad avere piena e completa fiducia! Anche e soprattutto nella nostra miseria! Prima di citare il secondo testo, conosciuto bene da molti di voi, devo ancora aggiungere, velocemente, una frase che Gesù disse a suor Faustina e che lei annotò, lo stesso 10 ottobre del 1937: "Alle tre del pomeriggio implora la mia Misericordia specialmente per i peccatori e sia pure per un breve momento immergiti nella mia Passione, particolarmente nel mio abbandono al momento della morte. È un'ora di grande Misericordia per il mondo intero… In quell'ora non rifiuterò nulla all'anima che mi prega per la mia passione" (Diario n. 1320).

Per questo, nei giorni del congresso, vogliamo esercitarci in modo particolare anche "nell'ora della Misericordia"! Ed infine l'ultima parola a suor Faustina. Si tratta della sua grande preghiera, nella quale prega Gesù di "formarla" tutta nella sua Misericordia, di imprimere così profondamente nel suo cuore la sua Misericordia, così che essa determini, dall'intimo, tutto il suo essere.

Che questa preghiera sia un po' il "centro del cuore" di tutto il congresso: "Desidero trasformarmi tutta nella tua Misericordia ed essere il riflesso vivo di te, o Signore. Che il più grande attributo di Dio, cioè la sua incommensurabile Misericordia, giunga al mio prossimo attraverso il mio cuore e la mia anima. Aiutami, o Signore, a far sì che i miei occhi siano misericordiosi, in modo che io non nutra mai sospetti e non giudichi sulla base di apparenze esteriori, ma sappia scorgere ciò che c'è di bello nell'anima del prossimo e gli sia d'aiuto.

Aiutami a far sì che il mio udito sia misericordioso, che mi chini sulle necessità del mio prossimo, che le mie orecchie non siano indifferenti ai dolori ed ai gemiti del mio prossimo.

Aiutami, o Signore, a far sì che la mia lingua sia misericordiosa e non parli mai sfavorevolmente del prossimo, ma abbia per ognuno una parola di conforto e di perdono.

Aiutami, o Signore, a far sì che le mie mani siano misericordiose e piene di buone azioni, in modo che io sappia fare unicamente del bene al prossimo e prenda su di me i lavori più pesanti e più penosi.

Aiutami, Signore, a far sì che i miei piedi siano misericordiosi in modo che io accorra sempre in aiuto del prossimo, vincendo la mia indolenza e la mia stanchezza. Il mio vero riposo sta nella disponibilità verso il prossimo.

Aiutami, Signore, a far sì che il mio cuore sia misericordioso, in modo che partecipi a tutte le sofferenze del prossimo. A nessuno rifiuterò il mio cuore. Mi comporterò sinceramente anche con coloro di cui so che abuseranno della mia bontà, mentre io mi rifugerò nel Misericordiosissimo Cuore di Gesù.

Non parlerò delle mie sofferenze.

Alberghi in me la tua Misericordia, o mio Signore (...). O Gesù mio, trasformami in te stesso poiché tu puoi fare tutto. Amen" (Diario di santa Maria Faustina Kowalska, n. 163).

Elena Kowalska

Santa Faustina

Santa Faustina nacque il 25 agosto 1905, terza di dieci figli, da Marianna e Stanislao Kowalski, contadini del villaggio di Głogowiec (attualmente diocesi di Wiociawek). Al battesimo nella chiesa parrocchiale di Świnice Warckie le fu dato il nome di Elena.

Fin dall'infanzia, si distinse per l'amore, per la preghiera, per la laboriosità, per l'obbedienza e per una grande sensibilità verso la povertà umana. All'età di 9 anni ricevette la prima comunione; fu per lei un'esperienza profonda, perché ebbe subito la consapevolezza della presenza dell'Ospite divino nella sua anima. Frequentò la scuola per appena tre anni scarsi. Ancora adolescente, abbandonò la casa dei genitori e andò a servizio presso alcune famiglie benestanti di Aleksandrów, Łódz e Ostrówek, per mantenersi e per aiutare i genitori. Fin dall'età di 7 anni avvertì nella sua anima la vocazione religiosa, ma non avendo il consenso dei genitori per entrare in convento, cercò di sopprimerla. Sollecitata poi da una visione di Cristo sofferente, partì per Varsavia, dove il 1° agosto del 1925 entrò nel convento delle Suore della Beata Vergine Maria della Misericordia. Col nome di suor Maria Faustina trascorse in convento 13 anni in diverse case della Congregazione, sopreattutto a Cracovia, Vilnus e Płock, lavorando come cuoca, giardiniera e portinaia. All'esterno nessun segno faceva sospettare la sua vita mistica straordinariamente ricca. Svolgeva con diligenza tutti i lavori, osservava fedelmente le regole religiose, era riservata, silenziosa e nello stesso tempo piena di amore benevolo e disinteressato. La sua vita, apparentemente ordinaria, monotona e grigia, nascondeva in sé una profonda e straordinaria unione con Dio.

Alla base della sua spiritualità si trova il mistero della Misericordia Divina che essa meditava nella parola di Dio e contemplava nella quotidianità della sua vita. La conoscenza e la contemplazione del mistero della Misericordia di Dio sviluppano in lei un atteggiamento di fiducia filiale in Dio e di Misericordia verso il prossimo.

Suor Faustina fu una figlia fedele della Chiesa, che essa amava coma Madre e come Corpo mistico di Gesù Cristo. Consapevole del suo ruolo nella Chiesa, collaborava con la Misericordia Divina nell'opera della salvezza delle anime smarrite. Rispondendo al desiderio e all'esempio di Gesù offrì la sua vita in sacrificio. La sua vita spirituale si caratterizzava, inoltre, nell'amore per l'Eucaristia e nella profonda devozione alla Madre di Dio della Misericordia.

Gli anni della sua vita religiosa abbondarono di grazie straordinarie: le rivelazioni, le visioni, le stigmate nascoste, la partecipazione alla passione del Signore, il dono dell'ubiquità, il dono di leggere nelle anime, il dono della profezia e il raro dono del fidanzamento e dello sposalizio mistico. Il contatto vivo con Dio, con la Madonna, con gli angeli, con i santi, con le anime del purgatorio, con tutto il mondo soprannaturale fu per lei non meno reale e concreto di quello che sperimentava con i sensi. Malgrado il dono di tante grazie straordinarie, era consapevole che non sono esse a costituire l'essenza della santità.

Il Signore aveva scelto suor Faustina come segretaria e apostola della sua Misericordia per trasmettere, mediante lei, un grande messaggio al mondo.

Morta a soli 33 anni, consumata dalla tubercolosi e da numerose sofferenze accettate come volontario sacrificio per i peccatori, suor Faustina, beatificata nel 1993, è stata santificata la seconda Domenica di Pasqua (domenica in Albis), il 30 aprile 2000, dal Santo Padre Giovanni Paolo II.

Si tratta solo di un "piccolo assaggio" della vita della prima santa del grande Giubileo del 2000. Per chi volesse conoscerla meglio e saperne di più sul Culto alla Divina Misericordia, sono disponibili libri ***"Gesù confido in Te"*** **(cod. 8130)** *e* ***"Santa Faustina e la Divina Misericordia"*** **(cod. 8423)**, *che si possono acquistare nelle librerie cattoliche, presso i santuari o si possono ordinare e ricevere comodamente a casa propria, telefonando all'Editrice Shalom e citando i codici o visitando il suo sito internet (vedi pag. 2).*

il culto
della Divina Misericordia

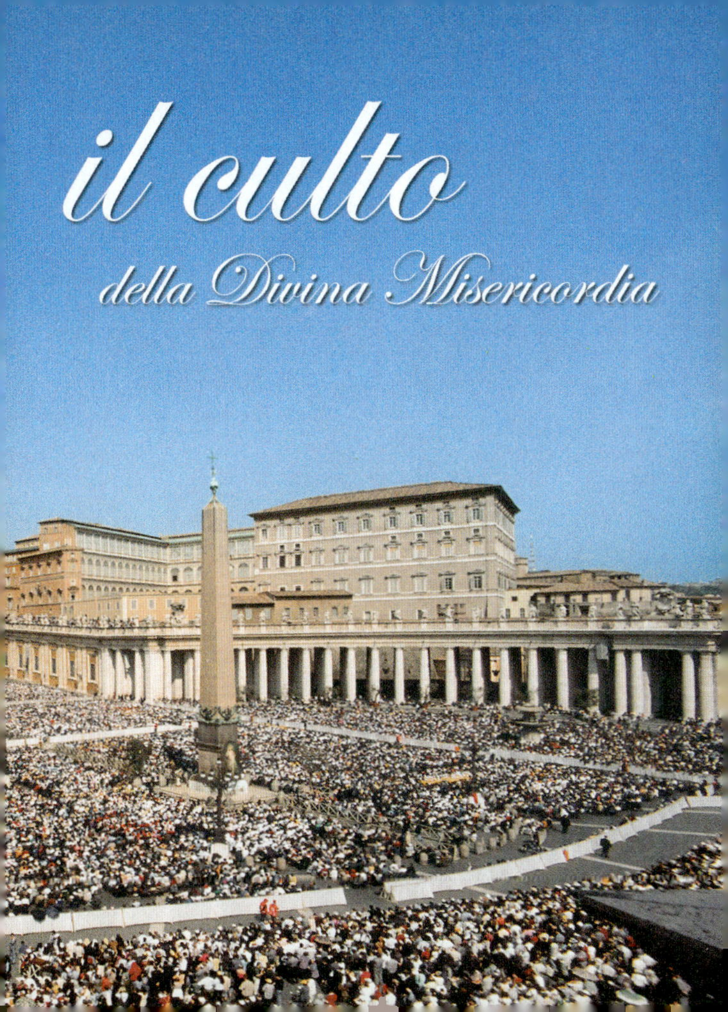

SANCTISSIMÆ TRINITATI
ET PHILIPPO NERIO
GESÙ CONFIDO IN TE

Il cuore e le forme
del culto alla Divina Misericordia

Il Cuore

1. La fiducia

È l'essenza della devozione alla Divina Misericordia, lo è fino al punto che *"senza fiducia non c'è la devozione che voleva Gesù"*. Fu necessario, quindi, che l'apostola della Divina Misericordia si distinguesse soprattutto per questo atteggiamento verso Dio. *"Figlia mia, se per mezzo tuo esigo dagli uomini il culto della mia Misericordia, tu devi essere la prima a distinguerti per la fiducia nella mia Misericordia. Esigo da te atti di Misericordia che debbono derivare dall'amore verso di me. Devi mostrare Misericordia sempre ed ovunque verso il prossimo non puoi esimerti da questo né giustificarti"*.

L'atteggiamento di fiducia in Dio trova la sua espressione esterna nell'atto di obbedienza alla volontà di Dio. È, in pratica, un riconoscere Dio come Padre ricco di Misericordia, che desidera solo la felicità del

In foto: Interno chiesa di Santo Spirito in Sassia a Roma

figlio. Per l'uomo che confida in Dio, la sua volontà è piena di Misericordia e, come ha detto suor Faustina, è la Misericordia stessa. Compiere la volontà di Dio porta alla santità per la strada più breve, all'unione con Dio sulla terra e nell'eternità. *"Ho compreso che tutta la santità consiste nel fare la volontà di Dio"*.

Pur avendo ricevuto numerosi doni mistici, sapeva che non sono questi a testimoniare la perfezione dell'uomo, bensì l'interiore unione dell'anima con Dio. Ciò, però, è possibile solo quando tra l'uomo e Dio c'è un forte legame di fiducia.

2. La Misericordia

Definisce il nostro giusto rapporto con il prossimo. È nello stesso tempo una condizione necessaria per una vera devozione alla Divina Misericordia e il secondo caratteristico tratto della spiritualità e dell'apostolato di suor Faustina, oltre che del suo cammino verso la santità.

Suor Faustina non si illudeva, né sognava, sapeva che nella pratica della Misericordia contano non le dichiarazioni né i sentimenti, ma soprattutto l'azione, cioè l'atto della volontà, in cui l'uomo offre al prossimo il dono di sé. Considerava il tempo della vita terrena come una continua possibilità di esercitarsi nelle azioni di Misericordia.

Non cercava occasioni straordinarie per mettersi in

In foto: Altare di Gesù Misericordioso e tomba di S. Faustina nel Santuario della Divina Misericordia a Cracovia, Polonia

mostra con un'azione di carità verso il prossimo, ma anzi al contrario sfruttava le circostanze normali della vita per rispondere con amore, con cordialità, nel silenzio e nel nascondimento alle necessità delle persone che ogni giorno incontrava e che sapeva bisognose di sostegno.

Le forme

1. La Venerazione dell'immagine

La prima forma del culto della Divina Misericordia si esprime nella Venerazione dell'immagine di Gesù Misericordioso. Va chiarito subito che è un preciso desiderio di Gesù che l'immagine che deve essere venerata rappresenti i tratti della visione avuta da suor Faustina il 22 febbraio 1931.

Si tratta, quindi, dell'immagine con due raggi, uno rosso che rappresenta il sangue e uno pallido che rappresenta l'acqua con la scritta: "Gesù confido in te".

2. La Festa della Divina Misericordia

Questa seconda forma del culto della Divina Misericordia occupa nel Diario un posto centrale. Infatti Gesù, già nella prima rivelazione, ha fatto conoscere a santa Faustina la sua volontà di istituire la Festa e di celebrarla la prima domenica dopo Pasqua.

La scelta di questa domenica indica chiaramente che nei piani di Dio esiste uno stretto legame tra il mistero pasquale della redenzione e il significato della Divina Misericordia. Gesù richiede che questa Festa sia preceduta dalla Novena (con inizio il Venerdì santo) che consiste nella recita della Coroncina alla Misericordia.

3. La Coroncina alla Divina Misericordia

Il terzo modo di adorare la Divina Misericordia si esprime, secondo l'intenzione di Gesù, per mezzo della preghiera della Coroncina alla Divina Misericordia. Attraverso questa preghiera noi offriamo al Padre Eterno tutta la persona di Gesù, cioè la sua personalità divina e tutta la sua umanità che comprende corpo, sangue e anima. La preghiera della Coroncina è adatta sia per la preghiera sia comunitaria sia individuale.

4. L'Ora della Misericordia

Questa forma del culto della Divina Misericordia è la preghiera delle "ore tre del pomeriggio", in altre parole l'Ora della Misericordia. In quest'ora Gesù ci chiede di meditare sulla sua passione percorrendo magari la Via Crucis o in mancanza di tempo raccogliendosi per un breve momento in preghiera recitando per esempio: "O Sangue ed Acqua che scaturisti dal Cuore di Gesù, come sorgente di Misericordia per noi, confido in te".

5. Diffusione del culto

Il quinto modo per adorare la Divina Misericordia consiste nella diffusione di questo culto nelle sue varie forme.

GESU CONFIDO IN TE

1. La venerazione dell'immagine di Gesù Misericordioso

Il quadro del Cristo Misericordioso è una rappresentazione iconografica della visione avuta da santa Faustina Kowalska il 22 febbraio 1931, in cui Cristo ordina di essere dipinto così come si rivela.

Tre anni dopo, grazie all'aiuto del suo confessore, padre Sopócko, suor Kowalska vedrà la realizzazione dell'ordine di Gesù; infatti, un artista di Vilnius, E. Kazimirowski, dipinse il Cristo Misericordioso secondo le indicazioni di suor Faustina. Quando il quadro fu terminato, non ne rimase contenta e piangendo si lamentò con Gesù: *"Chi ti dipingerà così bello come sei?"*. In risposta sentì: *"Non nella bellezza dei colori né del pennello sta la grandezza di questa immagine, ma nella mia grazia"*.

L'immagine stessa, secondo le parole di Gesù, *"deve ricordare le esigenze della mia Misericordia, poiché anche la fede più forte non serve a nulla senza le opere"*. Il culto di questa immagine consiste nella preghiera fiduciosa unita alle opere di Misericordia. A tale culto Gesù ha legato le seguenti promesse: la grazia della salvezza, grandi progressi sulla via della perfezione cristiana, la grazia della morte santa, nonché tutte le altre grazie e i benefici terreni richiesti con fiducia dagli uomini.

Atto di fiducia verso la Divina Misericordia

O Gesù misericordiosissimo, la tua bontà è infinita e le ricchezze delle tue grazie sono inesauribili. Conosco tutta la potenza della tua Misericordia ed ho fiducia che mi darai tutto quello di cui ha bisogno questo tuo fragile bambino. Confido totalmente nella tua Misericordia, che supera ogni tua opera. A te dono tutto me stesso senza riserve, per poter in tal modo vivere e tendere alla perfezione cristiana.

Desidero adorare ed esaltare la tua Misericordia compiendo le opere di Misericordia sia verso il corpo sia verso lo spirito, cercando soprattutto di ottenere la conversione dei peccatori e portando consolazione a chi ne ha bisogno: dunque, agli ammalati e agli afflitti.

Custodiscimi, o Gesù, poiché appartengo solo a te e alla tua gloria. La paura che mi assale, quando prendo coscienza della mia debolezza, è vinta dalla mia immensa fiducia nella tua Misericordia.

Possano tutti gli uomini conoscere in tempo l'infinita profondità della tua Misericordia, abbiano fiducia in essa e la lodino in eterno. **Amen.**

In foto: Festa della Divina Misericordia Roma, 30 aprile 2000.

REM PRINCIPIS APOST PAVLVS V BVRGHESIVS ROMANVS PONT MAX AN MD

2. La Festa
della Divina Misericordia

Secondo il desiderio di Gesù, la Festa della Divina Misericordia deve essere celebrata la prima domenica dopo Pasqua. Ciò per sottolineare la stretta unione che esiste tra il mistero pasquale della Salvezza e la Festa, cosa che ha notato anche suor Faustina: "Ora vedo che l'opera della redenzione è collegata con l'opera della Misericordia richiesta dal Signore". La liturgia di quel giorno, infatti, loda Dio in particolare nel mistero della sua Misericordia.

La Festa della Divina Misericordia deve essere, inoltre, un giorno di grazia per tutti gli uomini, poiché Cristo ha legato a questa Festa grandi promesse, di cui la più grande si riferisce alla Santa Confessione e alla Santa Comunione, ricevendo le quali si ottiene la remissione totale dei peccati e delle pene temporali, cioè si riceve la stessa grazia del Battesimo. L'importanza di questa Festa, che la distingue da tutte le altre feste e da tutte le altre forme di culto si evidenzia:

1. Nell'universalità dell'offerta di Dio a tutti gli uomini, anche a quelli che fino a questo momento non hanno mai praticato il culto alla Divina Misericordia e cioè

anche i peccatori che si sono convertiti. Essi sono chiamati a partecipare a tutte le grazie che Gesù ha promesso di elargire nel giorno della Festa.

2. Nella sua perfezione e straordinarietà, rivelata dal fatto che, durante questa giornata, vengono offerti agli uomini tutti i generi di grazie, sia spirituali che corporali, sia per i singoli, per le comunità e per l'umanità intera.

3. Infine, nel fatto che tutti i gradi della grazia sono in questo giorno alla portata di tutti: "In quel giorno sono aperti tutti i canali attraverso i quali scorrono le grazie divine".

Proprio tale generosità di Gesù, estesa contemporaneamente a tutte le anime, è il motivo che permette di supplicare la Divina Misericordia con una grande ed illimitata fiducia per tutti i doni della grazia che il Signore vuole distribuire durante questa festa. Infatti, è proprio questa fiducia che apre a noi i tesori della Misericordia. Ora è chiara la portata universale del desiderio di Gesù di celebrare questa Festa quale rifugio di tutte le anime. Come ha detto Gesù a santa Faustina: *"Voglio che l'immagine venga solennemente benedetta nella prima domenica dopo Pasqua; questa domenica deve essere la Festa della Misericordia. Desidero che la Festa della Misericordia sia di riparo e di rifugio per tutte le anime e specialmente per i poveri peccatori. In quel giorno, sono aperte le viscere della mia Misericordia, riverserò tutto un mare di grazie sulle anime che si avvicinano alla sorgente della mia Misericordia".*

Novena in preparazione alla Festa della Divina Misericordia

La Festa della Divina Misericordia, secondo le apparizioni di santa Faustina, deve essere preceduta da una novena, che va recitata ogni giorno a partire dal Venerdì Santo per nove giorni consecutivi, fino al sabato precedente la Festa della Misericordia (prima domenica dopo la Santa Pasqua). Gesù per due volte espresse l'augurio che la sua confidente attraverso una preghiera di nove giorni si preparasse a questa solennità. La Santa ci ha trasmesso la promessa del Salvatore rivolta a tutti i fedeli e contenuta in queste parole: *"Durante questa novena elargirò alle anime grazie di ogni genere"*.

Con vigore bisogna sottolineare che, alla luce del messaggio di santa Faustina, la volontà di Gesù era di far precedere alla Festa della Misericordia una novena composta dalla Coroncina alla Divina Misericordia *(vedi pag. 77)*. E proprio alla sua recita sono state legate straordinarie promesse. Sebbene il tempo tra il Venerdì Santo e la II Domenica di Pasqua possegga un particolare privilegio, tuttavia la novena alla Divina Misericordia può essere recitata anche in un altro periodo. Se questa preghiera scaturirà da fiducia, confermata da opere di Misericordia, costituirà un autentico atto di Devozione.

Nel Diario, inoltre, troviamo una bella novena, in parte dettata a Faustina dallo stesso Gesù e messa per iscritto verso la fine del primo soggiorno nell'ospedale di Prądnik. Questa novena cra stata sostanzialmente trasmessa alla suora, e solo lei era la destinataria della promessa di Gesù: *"E non rifiuterò nulla a nessun'anima che condurrai alla fonte della mia Misericordia"*.

Pertanto questa novena, similmente alle Litanie alla Divina Misericordia non costituisce una forma di Culto, poiché alla sua recita non è stata legata alcuna promessa rivolta alla totalità dei fedeli. Nonostante ciò, tuttavia, con assoluta certezza Gesù voleva anche un beneficio spirituale per tutti i fedeli che avrebbero pregato con le parole di questa novena. Se la sua recita sarà accompagnata da un'intensa fiducia e dal compimento di opere di Misericordia, allora attraverso essa avremmo già praticato il Culto e pertanto sarà possibile ottenere mediante questa preghiera le promesse legate alla fiducia, che come abbiamo visto in precedenza già da sola costituisce il Culto.

Beato Michele Sopoćko, confessore di santa Faustina, ha fatto un importante accostamento tra le preghiere della novena dettata a santa Faustina (di seguito riportata) e la grande preghiera universale recitata il Venerdì Santo: pregando nei singoli giorni della novena per i gruppi e le persone di condizioni differenti, praticheremo, allora, la Misericordia verso il prossimo.

Primo giorno

"Oggi conducimi tutta l'umanità, e specialmente tutti i peccatori, ed immergili nel mare della mia Misericordia. E con questo mi consolerai dell'amara tristezza in cui mi getta la perdita delle anime".

Gesù misericordiosissimo, la cui prerogativa è quella d'avere compassione di noi e di perdonarci, non guardare i nostri peccati, ma la fiducia che abbiamo nella tua infinita bontà e accoglici nella dimora del tuo pietosissimo Cuore e non lasciarci uscire di lì per l'eternità. Ti supplichiamo per l'amore che ti unisce al Padre ed allo Spirito Santo.

O onnipotenza della Divina Misericordia, rifugio per l'uomo peccatore, tu che sei la Misericordia e un mare di compassione, aiuta chi t'invoca in umiltà.

Eterno Padre, guarda con occhio di Misericordia specialmente i poveri peccatori e tutta l'umanità, che è racchiusa nel pietosissimo Cuore di Gesù, e per la sua dolorosa passione mostraci la tua Misericordia, affinché per tutti i secoli possiamo esaltare l'onnipotenza della tua Misericordia. **Amen.**

Si reciti la Coroncina alla Divina Misericordia (pag. 77)

Secondo giorno

"Oggi conducimi le anime dei sacerdoti e le anime dei religiosi, ed immergile nella mia insondabile Misericordia. Essi mi hanno dato la forza di superare l'amara passione. Per mezzo loro, come per mezzo di canali, la mia Misericordia scende sull'umanità".

Misericordiosissimo Gesù, da cui proviene ogni bene, aumenta in noi la grazia, affinché compiamo opere di Misericordia, in modo che quanti ci osservano lodino il Padre della Misericordia, che è nei cieli.

La fonte dell'amore di Dio alberga nei cuori limpidi, purificati nel mare della Misericordia, luminosi come le stelle, chiari come l'aurora.

Eterno Padre, guarda con gli occhi della tua Misericordia la schiera eletta per la tua vigna, le anime dei sacerdoti e le anime dei religiosi, e dona loro la potenza della tua benedizione, e per i sentimenti del Cuore del Figlio tuo, il Cuore in cui essi sono racchiusi, concedi loro la potenza della tua luce, affinché possano guidare gli altri sulla via della salvezza, in modo da poter cantare assieme per tutta l'eternità le lodi della tua Misericordia infinita. **Amen.**

Si reciti la Coroncina alla Divina Misericordia (pag. 77)

Terzo giorno

"Oggi conducimi tutte le anime devote e fedeli, ed immergile nel mare della mia Misericordia. Queste anime mi hanno confortato lungo la strada del Calvario, sono state una goccia di conforto in un mare di amarezza".

O Gesù misericordiosissimo, che elargisci a tutti in grande abbondanza le tue grazie dal tesoro della tua Misericordia, accoglici nella dimora del tuo pietosissimo Cuore e non farci uscire da esso per tutta l'eternità. Te ne supplichiamo per l'ineffabile amore, di cui il tuo Cuore arde per il Padre Celeste.

Sono imperscrutabili le meraviglie della tua Misericordia; non riesce a scandagliarle né il peccatore né il giusto. A tutti rivolgi sguardi di compassione, e attira tutti al tuo amore.

Eterno Padre, guarda con occhi di Misericordia le anime fedeli, come l'eredità del Figlio tuo e, per la sua dolorosa passione concedi loro la tua benedizione e accompagnale con la tua protezione incessante, affinché non perdano l'amore ed il tesoro della santa fede, ma con tutta la schiera degli Angeli e dei Santi glorifichino la tua illimitata Misericordia nei secoli dei secoli. **Amen.**

Si reciti la Coroncina alla Divina Misericordia (pag. 77)

Quarto giorno

"Oggi conducimi i pagani e coloro che non mi conoscono ancora. Anche a loro ho pensato nella mia amara passione, ed il loro futuro zelo ha consolato il mio Cuore. Immergili nel mare della mia Misericordia".

O Misericordiosissimo Gesù, che sei la luce del mondo intero, accogli nella dimora del tuo pietosissimo Cuore le anime dei pagani che non ti conoscono ancora. I raggi della tua grazia li illuminino, affinché anche loro assieme a noi glorifichino i prodigi della tua Misericordia, e non lasciarli uscire dalla dimora del tuo pietosissimo Cuore.

La luce del tuo amore illumini le tenebre delle anime; fa' che queste anime ti conoscano e glorifichino con noi la tua Misericordia.

Eterno Padre, guarda con occhi di Misericordia le anime dei pagani e di coloro che non ti conoscono ancora, e che sono racchiuse nel pietosissimo Cuore di Gesù. Attirale alla luce del Vangelo. Queste anime non sanno quale grande felicità è quella di amarti. Fa' che anche loro glorifichino la generosità della tua Misericordia per i secoli dei secoli. **Amen.**

Si reciti la Coroncina alla Divina Misericordia *(pag. 77)*

Quinto giorno

"Oggi conducimi le anime degli eretici e degli scismatici e immergile nel mare della mia Misericordia. Nella mia amara passione mi hanno lacerato le carni ed il cuore, cioè la mia Chiesa. Quando ritorneranno all'unità della Chiesa, si rimargineranno le mie ferite ed in questo modo allevieranno la mia passione".

Misericordiosissimo Gesù, che sei la bontà stessa, tu non rifiuti la luce a coloro che te la chiedono; accogli nella dimora del tuo pietosissimo Cuore le anime degli eretici e le anime degli scismatici. Attirali con la tua luce all'unità della Chiesa e non lasciarli partire dalla dimora del tuo pietosissimo Cuore, ma fa' che anch'essi glorifichino la generosità della tua Misericordia.

Anche per coloro che stracciano la veste della tua unità sgorga dal tuo Cuore una fonte di pietà. L'onnipotenza della tua Misericordia, o Dio, può ritrarre dall'errore anche queste anime.

Eterno Padre, guarda con gli occhi della tua Misericordia le anime degli eretici e degli scismatici, che hanno dissipato i tuoi beni ed hanno abusato delle tue grazie, perdurando ostinatamente nei loro errori. Non badare ai loro errori, ma all'amore del Figlio tuo ed alla sua amara passione che ha preso su di sé per loro, poiché anche loro sono racchiusi nel pietosissimo Cuore di Gesù.

Fa' che anche essi lodino la tua grande Misericordia per i secoli dei secoli. **Amen.**

Si reciti la Coroncina alla Divina Misericordia (pag. 77)

Sesto giorno

"Oggi conducimi le anime miti e umili e le anime dei bambini e immergile nella mia Misericordia. Queste anime sono le più simili al mio Cuore. Esse mi hanno sostenuto nell'amaro travaglio dell'agonia. Li ho visti come gli angeli della terra che avrebbero vigilato presso i miei altari. Su di loro riverso le mie grazie a pieni torrenti. Solo un'anima umile è capace di accogliere la mia grazia; alle anime umili concedo la mia piena fiducia".

Misericordiosissimo Gesù, che hai detto: *"Imparate da me che sono mite ed umile di Cuore"*, accogli nella dimora del tuo pietosissimo Cuore le anime miti e umili e le anime dei bambini. Queste anime attirano l'ammirazione di tutto il paradiso e trovano lo speciale compiacimento del Padre Celeste; formano un mazzo di fiori davanti al trono di Dio, del cui profumo si delizia Dio stesso.

Queste anime hanno stabile dimora nel pietosissimo Cuore di Gesù e cantano incessantemente l'inno dell'amore e della Misericordia per l'eternità.

In verità l'anima umile e mite già qui sulla terra respira il paradiso, e del profumo del suo umile cuore si delizia il Creatore stesso.

Eterno Padre, guarda con occhi di Misericordia le anime miti e umili e le anime dei bambini, che sono racchiuse nella dimora del pietosissimo Cuore di Gesù.

Queste anime sono le più simili al Figlio tuo; il loro profumo s'innalza dalla terra e raggiunge il tuo trono.

Padre di Misericordia e d'ogni bontà, ti supplico per l'amore ed il compiacimento che hai per queste anime: benedici il mondo intero, in modo che tutte le anime cantino assieme le lodi della tua Misericordia per tutta l'eternità. **Amen.**

Si reciti la Coroncina alla Divina Misericordia *(pag. 77)*

Settimo giorno

"Oggi conducimi le anime che venerano in modo particolare ed esaltano la mia Misericordia, ed immergile nella mia Misericordia. Queste anime hanno sofferto maggiormente per la mia passione e sono penetrate più profondamente nel mio Spirito. Esse sono un riflesso vivente del mio Cuore pietoso. Queste anime risplenderanno con una particolare luminosità nella vita futura. Nessuna finirà nel fuoco dell'inferno; io difenderò in modo particolare ciascuna di loro nell'ora della morte".

Misericordiosissimo Gesù, il cui Cuore è l'amore stesso, accogli nella dimora del tuo pietosissimo Cuore le anime che in modo particolare venerano ed esaltano la grandezza della tua Misericordia. Queste anime sono forti della potenza di Dio stesso; in mezzo ad ogni genere di tribolazioni e contrarietà, avanzano fiduciose nella tua Misericordia.

Queste anime sono unite a Gesù e reggono sulle loro spalle l'umanità intera. Esse non saranno giudicate severamente, ma la tua Misericordia le avvolgerà nell'ora della morte.

L'anima che esalta la bontà del suo Signore, viene da lui particolarmente amata, è sempre accanto alla sorgente viva, ed attinge la grazia dalla Divina Misericordia.

Eterno Padre, guarda con occhi di Misericordia alle anime che esaltano e venerano il tuo più grande attributo, cioè la tua insondabile Misericordia, e che sono racchiuse nel misericordiosissimo Cuore di Gesù. Queste anime sono un Vangelo vivente, le loro mani sono colme di opere di Misericordia e la loro anima è piena di gioia e canta all'Altissimo l'inno della Misericordia. Ti supplico, o Dio, mostra loro la tua Misericordia secondo la speranza e la fiducia che hanno posto in te; si adempia in essi la promessa di Gesù, che ha detto loro: "Le anime che onoreranno la mia insondabile Misericordia, io stesso le difenderò come mia gloria durante la vita, ma specialmente nell'ora della morte". **Amen.**

Si reciti la Coroncina alla Divina Misericordia (pag. 77)

Ottavo giorno

"Oggi conducimi le anime che sono nel carcere del purgatorio ed immergile nell'abisso della mia Misericordia. I torrenti del mio sangue attenuino la loro arsura. Tutte queste anime sono molto amate da me; ora stanno dando soddisfazione alla mia giustizia; è in tuo potere recar loro sollievo. Prendi dal tesoro della mia Chiesa tutte le indulgenze ed offrile per loro... Oh, se conoscessi i loro tormenti, offriresti continuamente per loro l'elemosina dello spirito e pagheresti i debiti che essi hanno nei confronti della mia giustizia!".

Misericordiosissimo Gesù, che hai detto che vuoi Misericordia, ecco io conduco alla dimora del tuo pietosissimo Cuore le anime del purgatorio, anime che a te sono molto care e che, tuttavia, debbono soddisfare la tua giustizia.

I torrenti del sangue e dell'acqua che sono scaturiti dal tuo Cuore spengano il fuoco del purgatorio, in modo che anche là venga glorificata la potenza della tua Misericordia.

Dall'arsura tremenda del fuoco del purgatorio s'innalza un lamento alla tua Misericordia, e le anime ricevono conforto, sollievo e refrigerio nel torrente formato dal sangue e dall'acqua.

Eterno Padre, guarda con occhi di Misericordia le anime che soffrono nel purgatorio, e che sono racchiuse nel pietosissimo Cuore di Gesù.

Ti supplico per la dolorosa passione del Figlio tuo Gesù e per tutta l'amarezza da cui fu inondata la sua santissima anima, mostra la tua Misericordia alle anime che sono sotto lo sguardo della tua giustizia, non guardare a loro se non attraverso le piaghe del tuo amatissimo Figlio Gesù, poiché noi crediamo che la tua bontà e la tua Misericordia sono senza limiti. **Amen.**

Si reciti la Coroncina alla Divina Misericordia (pag. 77)

Nono giorno

"Oggi conducimi le anime tiepide ed immergile nell'abisso della mia Misericordia. Queste anime feriscono il mio cuore nel modo più doloroso.

La mia anima nell'Orto degli Ulivi ha provato la più grande ripugnanza per un'anima tiepida. Sono state loro la causa per cui ho detto: 'Padre, allontana da me questo calice, se questa è la tua volontà'.
Per loro, ricorrere alla mia Misericordia costituisce l'ultima tavola di salvezza".

Misericordiosissimo Gesù, che sei la pietà stessa, introduco nella dimora del tuo Cuore pietosissimo le anime tiepide. Possano riscaldarsi nel tuo puro amore queste anime di ghiaccio, che assomigliano a cadaveri e suscitano in te tanta ripugnanza.

O Gesù pietosissimo, usa l'Onnipotenza della tua Misericordia, attirale nell'ardore stesso del tuo amore e concedi loro l'Amore Santo, dato che puoi tutto.

Il fuoco e il ghiaccio non possono stare uniti, poiché o si spegne il fuoco o si scioglie il ghiaccio, ma la tua Misericordia, o Dio, può soccorrere miserie anche maggiori.

Eterno Padre, guarda con occhi di Misericordia

le anime tiepide, che sono racchiuse nel pietosissimo Cuore di Gesù. Padre della Misericordia, ti supplico per l'amarezza della passione del tuo Figlio e per la sua agonia di tre ore sulla croce, permetti che anche loro lodino l'abisso della tua Misericordia. **Amen.**

Si reciti la Coroncina alla Divina Misericordia (pag. 77)

Celebrazione della Festa

Gesù desidera che nel giorno della Festa della Divina Misericordia sia benedetta e venerata pubblicamente l'immagine di Cristo Misericordioso e che i sacerdoti parlino della grande e insondabile Misericordia di Dio. I fedeli, per poter ottenere i grandi doni che Gesù desidera offrire ad ogni persona e a tutta l'umanità, debbono essere in stato di grazia (previa Confessione fatta nei giorni che precedono la Festa), debbono adempiere alle condizioni richieste dal culto della Divina Misericordia (fiducia in Dio e atti di carità verso il prossimo) e accostarsi in quel giorno alla Santa Comunione.

A questa festa, inoltre, il papa Giovanni Paolo II ha applicato **l'indulgenza plenaria** (cioè la remissione totale di tutte le pene, mentre le colpe vengono cancellate con la confessione) ufficializzata il giorno 29 giugno 2002, che può essere ricevuta alle consuete condizioni:

1. Essere battezzato e non scomunicato;
2. Avere l'intenzione di ottenere l'indulgenza;
3. Conversione del cuore ed esclusione di qualsiasi affetto al peccato anche veniale;

4. Confessione individuale;
5. Partecipare alla Santa Messa e Comunione eucaristica;
6. **La Domenica della Divina Misericordia (la seconda di Pasqua)** visitare una qualunque chiesa o oratorio e, durante la visita:
   - rinnovare la professione di fede, mediante la recita del **Credo** (per riaffermare la propria identità cristiana);
   - recitare il **Padre nostro** (per riaffermare la propria identità di figli di Dio, ricevuta nel battesimo);
   - pregare secondo le intenzioni del **Papa**, per riaffermare la propria appartenenza alla Chiesa, il cui fondamento e centro visibile di unità è il Romano Pontefice (**Padre nostro, Ave Maria, Gloria al Padre o altra preghiera**);
   - partecipare ad una pratica di pietà svolta in onore della Divina Misericordia, o almeno recitare, alla presenza del Santissimo Sacramento dell'Eucaristia, pubblicamente esposto o custodito nel tabernacolo, oltre al Padre nostro e al Credo una pia invocazione al Signore Gesù Misericordioso (per es. "Gesù Misericordioso, confido in te").

Inoltre i naviganti, che compiono il loro dovere nell'immensa distesa del mare; gli innumerevoli fratelli, che i disastri della guerra, le vicende politiche, l'inclemenza dei luoghi ed altre cause del genere, hanno allontanato dal suolo patrio; gli infermi e coloro che li assistono e tutti coloro che per giusta causa non possono abbandonare la casa o svolgono un'attività non differibile a vantaggio della comunità, potranno conseguire l'Indulgenza plenaria nella Domenica della Divina Misericordia, se con totale detestazione di qualunque peccato, come è stato detto sopra, e con l'intenzione di osservare, non appena sarà possibile, le tre consuete condizioni, reciteranno, di fronte ad una pia immagine di Nostro Signore Gesù Misericordioso, il Padre Nostro e il Credo, aggiungendo una pia invocazione al Signore Gesù Misericordioso (p.e. "Gesù Misericordioso, confido in te").

Roma, dalla sede della Penitenzieria Apostolica,
il 29 giugno 2002, nella solennità
dei santi Apostoli Pietro e Paolo 2002.

Luigi de Magistris
Arcivescovo tit. di Nova
Pro-Penitenziere Maggiore

Gianfranco Girotti, O.F.M. Conv.Reggente

Il sacramento della Riconciliazione

"Quando ti accosti alla Santa Confessione, – diceva Gesù a santa Faustina – *a questa sorgente della mia Misericordia, scendono sempre sulla tua anima il mio Sangue ed Acqua, che uscirono dal mio Cuore e nobilitano la tua anima. Ogni volta che vai alla Santa Confessione immergiti tutta nella mia Misericordia con grande fiducia, in modo che io possa versare sulla tua anima l'abbondanza delle mie grazie.*

Quando vai alla Confessione, sappi che io stesso ti aspetto in confessionale, mi copro soltanto dietro il sacerdote, ma sono io che opero nell'anima. Lì la miseria dell'anima s'incontra col Dio della Misericordia. Dì alle anime che da questa sorgente della Misericordia possono attingere le grazie unicamente col recipiente della fiducia. Se la loro fiducia sarà grande, la mia generosità non avrà limiti. I rivoli della mia grazia inondano le anime umili. I superbi sono sempre nell'indigenza e nella miseria, poiché la mia grazia si allontana da loro e va verso le anime umili.

Dì alle anime dove debbono cercare le consolazioni, cioè nel tribunale della Misericordia, lì avvengono i più grandi miracoli che si ripetono continuamente. Per ottenere questo miracolo non occorre fare pellegrinaggi in terre lontane né celebrare solenni riti este-

riori, ma basta mettersi con fede ai piedi di un mio rappresentante e confessargli la propria miseria ed il miracolo della Divina Misericordia si manifesterà in tutta la sua pienezza. Anche se un'anima fosse in decomposizione come un cadavere ed umanamente non ci fosse alcuna possibilità di risurrezione e tutto fosse perduto, non sarebbe così per Dio: un miracolo della Divina Misericordia risusciterà quest'anima in tutta la sua pienezza. Infelici coloro che non approfittano di questo miracolo della Divina Misericordia! Lo invocherete invano, quando sarà troppo tardi!".

La Santa Comunione

Le grazie promesse da Gesù Cristo per la Festa della Misericordia possono essere ottenute partecipando alla Santa Messa e ricevendo la Santa Comunione, alla quale è legata la promessa della remissione di tutti i peccati.

Una particolare grazia è legata alla Comunione ricevuta degnamente in quel giorno e cioè la "remissione totale delle colpe e delle pene". Tale grazia è qualcosa di significativamente più grande che la remissione totale. Questa ultima consiste, infatti, solo nella remissione delle pene temporali, meritate per i peccati commessi, ma non è mai la remissione delle stesse colpe. La grazia più particolare è fondamentalmente più grande delle grazie dei sei sacramenti, ad eccezione del sacramento del Battesimo: la remissione delle colpe e delle pene è presente solo nella sacramentale grazia del santo Battesimo. Invece, nelle promesse riportate, Cristo ha legato la remissione delle colpe e delle pene alla Comunione ricevuta nella Festa della Misericordia.

È chiaro che la Santa Comunione deve essere non solo degna, ma deve anche adempiere alle fondamentali esigenze della devozione alla Misericordia, affinché dia la totale remissione delle colpe e delle pene. Ricevuta, invece, indegnamente, senza la fiducia nella Misericordia verso il prossimo, al posto della più particolare grazia, attirerebbe sulla testa del ricevente l'ira di Dio.

Cristo non ha limitato la sua generosità a quest'unica, seppur particolare, grazia. Ha detto, infatti, che riverserà tutto un mare di grazie sulle anime che si avvicinano alla sorgente della sua Misericordia, poiché in quel giorno sono aperti tutti i canali attraverso i quali scorrono le grazie divine. *"Nessuna anima abbia paura di accostarsi a me, anche se i suoi peccati fossero come lo scarlatto"*.

Il mondo oggi sta affogando nei peccati, nel sangue dei bambini non nati, nelle lacrime di chi ha subito un torto..., mentre molti cristiani appartengono alla Chiesa solo in modo esteriore: per anni non si avvicinano ai santi sacramenti, non partecipano alla Santa Messa domenicale, non battezzano più i loro figli e non si preoccupano della loro educazione cristiana.

Spesso, tale indifferenza non deriva dalla cattiva volontà, ma dalla mancanza di coscienza dell'importanza delle grazie della Misericordia di Dio, che così abbondantemente sono contenute in tutti i sacramenti e nelle altre pratiche religiose. La coscienza della grandezza della Misericordia Divina deve contagiare la freddezza e l'indifferenza dei cristiani che vivono nel mondo contemporaneo, deve fare di essi persone felici, piene di speranza e gioia di Dio. *"La Festa della mia Misericordia,* – dice Gesù – *è uscita dalle mie viscere a conforto del mondo intero.*

Desidero unirmi con le anime umane, la mia delizia è unirmi con le anime... Quando nella Santa Comunione vengo in un cuore umano, ho le mani piene di grazie di ogni genere e desidero donarle all'anima; ma le anime non mi prestano nemmeno attenzione. Mi lasciano solo e si occupano d'altro. Oh, quanto è triste per me che le anime non conoscano l'Amore!

Quanto mi addolora che le anime si uniscano così poco a me nella Santa Comunione! Attendo le anime, ed esse sono indifferenti verso di me. Le amo con tanta tenerezza e sincerità, ed esse non si fidano di me. Voglio colmarle di grazie, ma esse non vogliono riceverle. Trattano con me come con una cosa inerte; eppure ho un cuore pieno d'amore e di Misericordia".

La Comunione nella vita di santa Faustina

"Il momento più solenne della mia vita è quello in cui ricevo la Santa Comunione. Per ogni santa Comunione sento un grande desiderio e per ogni Santa Comunione ringrazio la Santissima Trinità".

È un mistico incontro d'amore con Gesù: *"Vedi, ho lasciato il trono del cielo per unirmi a te. Quello che vedi ora è appena un lembo, e la tua anima già sviene per amore; allora, come si sbalordirà il tuo cuore quando mi vedrai in tutta la mia gloria! Ma voglio dirti che la vita eterna deve cominciare già su questa terra per mezzo della santa Comunione. Ogni Santa Comunione ti rende più idonea a trattare familiarmente con Dio per tutta l'eternità".*

In foto: Interno Santuario della Divina Misericordia a Łagiewniki-Cracovia, Polonia

3. La Coroncina

alla Divina Misericordia

Per la recita si usa una comune corona del Santo Rosario

La Coroncina alla Divina Misericordia è stata dettata da Gesù a santa Faustina Kowalska a Vilnius nell'anno 1935. Nelle rivelazioni successive Gesù ha mostrato il valore e l'efficacia di questa preghiera assieme alle promesse ad essa legate. Egli, infatti, ha promesso chiaramente di concedere grazie eccezionalmente grandi a quelli che reciteranno la Coroncina.

Si tratta delle tre grandi promesse:

1. **Chiunque reciterà questa Coroncina otterrà tanta Misericordia nell'ora della morte, cioè la grazia della conversione e la morte in stato di grazia, anche se si trattasse del peccatore più incallito.**
2. **Gli agonizzanti riceveranno la grazia della conversione e della remissione dei peccati sia se saranno loro stessi a recitarla sia se qualcun'altro la reciterà vicino a loro.**
3. **Tutte le anime che adoreranno la Divina Misericordia e reciteranno la Coroncina nell'ora della morte non avranno paura, poiché la Divina Misericordia li proteggerà in quell'ultima lotta.**

Nel nome del Padre e del Figlio e dello Spirito Santo. Amen.

Padre nostro • Ave Maria

Io **credo** in Dio, Padre onnipotente, creatore del cielo e della terra. E in Gesù Cristo, suo unico Figlio, nostro Signore, il quale fu concepito di Spirito Santo, nacque da Maria Vergine, patì sotto Ponzio Pilato, fu crocifisso, morì e fu sepolto; discese agli inferi; il terzo giorno risuscitò da morte; salì al Cielo, siede alla destra di Dio Padre onnipotente: di là verrà a giudicare i vivi e i morti. Credo nello Spirito Santo, la santa Chiesa cattolica, la comunione dei santi, la remissione dei peccati, la risurrezione della carne, la vita eterna. **Amen.**

Sui grani del Padre Nostro si recita la preghiera:

Eterno Padre, ti offro il corpo e il sangue, l'anima e la divinità del tuo dilettissimo Figlio e Signore nostro Gesù Cristo.
In espiazione dei nostri peccati e di quelli del mondo intero.

Sui grani dell'Ave Maria si recita la preghiera:

Per la sua dolorosa passione.
Abbi Misericordia di noi e del mondo intero.

Per finire si ripete tre volte l'invocazione:

Santo Dio, Santo Forte, Santo Immortale.
Abbi pietà di noi e del mondo intero.

JEZU UFAM TOBIE
BŁOGOSŁAWIONA
SIOSTRA
FAUSTYNA

4. *L'Ora* della Divina Misericordia

"Alle tre del pomeriggio implora la mia Misericordia specialmente per i peccatori e sia pure per un breve momento immergiti nella mia passione, particolarmente nel mio abbandono al momento della morte. È un'ora di grande Misericordia per il mondo intero".

A Cracovia nell'ottobre 1937, in circostanze non meglio descritte, Gesù ha raccomandato a santa Faustina di venerare in modo particolare l'ora della sua morte, che egli stesso ha chiamato "l'ora della grande Misericordia per il mondo".

Qualche mese più tardi (febbraio 1938) ha ripetuto questa richiesta e ancora una volta ha definito lo scopo dell'Ora della Misericordia, la promessa legata ad essa e il modo di celebrarla: *"Ogni volta che senti l'orologio battere le tre, ricordati di immergerti tutta nella mia Misericordia, adorandola ed esaltandola; invoca la sua onnipotenza per il mondo intero e specialmente per i poveri peccatori, poiché fu in quell'ora che venne spalancata per ogni anima (...).*

In foto. Altare di Gesù Misericordioso e tomba della Santa nel Santuario della Divina Misericordia a Cracovia, Polonia

In quell'ora fu fatta grazia al mondo intero, la Misericordia vinse la giustizia".

Gesù desidera che in quell'ora sia meditata la sua passione, in modo particolare l'abbandono nel momento dell'agonia e allora, come ha detto a suor Faustina: *"Ti permetterò di penetrare nella mia tristezza mortale e otterrai tutto per te stessa e per gli altri".*

In quell'ora, bisogna venerare e lodare la Misericordia Divina e implorare le grazie necessarie per tutto il mondo, soprattutto per i peccatori.

Gesù ha posto tre condizioni necessarie perché le preghiere, innalzate nell'Ora della Misericordia, siano ascoltate: la preghiera deve essere rivolta a Gesù, deve aver luogo alle tre del pomeriggio, deve richiamarsi ai valori e ai meriti della passione del Signore.

Bisogna ancora aggiungere che l'oggetto della preghiera deve essere in accordo con la volontà di Dio, mentre lo spirito della preghiera cristiana esige che sia fiduciosa, perseverante e legata alla pratica della carità attiva verso il prossimo.

In altre parole alle tre del pomeriggio si può onorare la Divina Misericordia in uno di questi modi:

1. Recitando la Coroncina, usando i brani del Diario *(vedi pag. 77).*

2. Meditando la passione di Cristo, magari facendo la

Via Crucis *(vedi pag. 87) o usando i passi del diario sotto riportati.*

3. Se ciò non è possibile per mancanza di tempo, recitare la giaculatoria: ***"O Sangue e Acqua"***.

O sangue e acqua

Gesù misericordioso ha promesso indicibili grazie per chi, mostrando totale fiducia nella Divina Misericordia, alle 15,00 (ora della Misericordia) reciterà la seguente preghiera ricordando e meditando la sua morte per noi.

O sangue e acqua che scaturisti dal cuore di Gesù, come sorgente di Misericordia per noi, confido in te.

Gesù desidera che ogni giorno si onori il momento della sua agonia sulla Croce (alle tre del pomeriggio), in cui, come egli stesso ha detto, *"fu fatta grazia al mondo intero, la Misericordia vinse la giustizia"*.

Desidera, perciò, che in quel momento si mediti la sua dolorosa passione, perché proprio in essa è apparso, in modo più chiaro, l'amore di Dio per gli uomini; desidera che si adori e si esalti la Misericordia di Dio e che per i meriti della passione di Gesù Cristo vengano implorate grazie per se stessi, per il mondo intero e soprattutto per i peccatori.

Gesù stesso raccomandava a santa Faustina: *"In quell'ora cerca di fare la Via Crucis, se i tuoi impegni lo permettono, e se non puoi fare la Via Crucis, entra almeno per un momento in cappella ed onora il mio cuore che nel Santissimo Sacramento è pieno di Misericordia. E se non puoi andare in cappella, raccogliti in preghiera almeno per un breve momento là, dove ti trovi".*

"In quell'ora, – proseguiva il Salvatore, – *otterrai tutto per te stessa e per gli altri.*
In quell'ora non rifiuterò nulla all'anima che mi prega per la mia passione".

La preghiera nell'Ora della Misericordia è strettamente legata alle tre del pomeriggio e deve essere rivolta a Gesù.

Brani tratti dal "Diario"

(per la meditazione)

O Gesù, hai affrontato per noi una passione tanto tremenda, unicamente per amore. La giustizia del Padre tuo sarebbe stata appagata da un tuo unico sospiro, e tutto il tuo annientamento è opera esclusivamente della tua Misericordia e di un inconcepibile amore.

Tu, o Signore, mentre partivi da questa terra, hai voluto restare con noi ed hai lasciato te stesso nel Sacramento dell'altare e ci hai spalancato la tua Misericordia. Non c'è miseria che ti possa esaurire. Hai chiamato tutti a questa sorgente d'amore, a questa fonte della divina pietà.

È lì la sede della tua Misericordia, lì la medicina per le nostre infermità. Verso te, viva sorgente di Misericordia, tendono tutte le anime: alcune come cervi assetati del tuo amore, altre per lavare le ferite dei loro peccati, altre ancora per attingere forza, per affrontare i disagi della vita.

Quando spirasti sulla Croce, nello stesso istante ci hai donato la vita eterna. Permettendo che squarciassero il tuo sacratissimo fianco, ci hai aperto la sorgente inesauribile della tua Misericordia, ci hai dato quello che avevi di più prezioso, cioè il Sangue e l'Acqua del tuo Cuore.

Ecco l'onnipotenza della tua Misericordia, dalla quale giunge a noi ogni grazia.

• • • •

O Gesù, Verità Eterna, nostra vita, invoco e mendico la tua Misericordia per i poveri peccatori. O Cuore dolcissimo del mio Signore, pieno di compassione e di insondabile Misericordia, t'imploro per i poveri peccatori.

O Cuore Santissimo, sorgente di Misericordia, dal quale scaturiscono raggi di grazie inconcepibili per tutto il genere umano, da te imploro la luce per i poveri peccatori.

O Gesù, ricorda la tua dolorosa passione e non permettere che periscano anime, redente col tuo preziosissimo e santissimo sangue.

O Gesù, quando considero il grande prezzo del tuo sangue, gioisco per il suo grande valore, dato che una sola goccia sarebbe bastata per tutti i peccatori.

Benché il peccato sia un abisso di cattiveria e d'ingratitudine, tuttavia il prezzo pagato per noi è assolutamente incomparabile. Pertanto, ogni anima abbia fiducia nella Passione del Signore, speri nella Misericordia. Iddio non nega a nessuno la sua Misericordia. Il cielo e la terra possono cambiare, ma la Misericordia di Dio non si esaurisce.

Quale gioia arde nel mio cuore, quando considero questa tua incomprensibile bontà, o Gesù mio. Voglio condurre ai tuoi piedi tutti i peccatori, affinché lodino la tua Misericordia per i secoli infiniti.

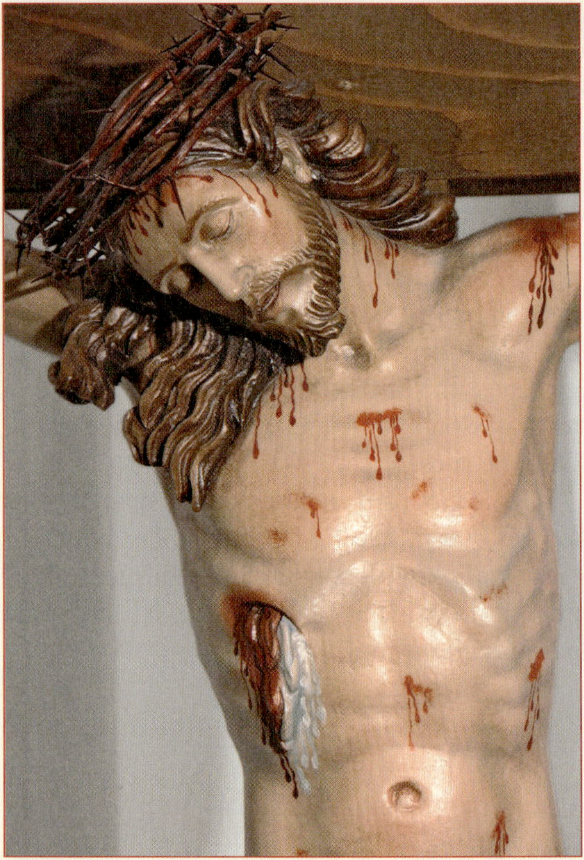

La Via Crucis

Nell'Ora della Misericordia si può onorare la Divina Misericordia meditando la passione di Cristo. Il modo migliore per farlo è quello di praticare la Via Crucis.

Proponiamo qui una Via Crucis basata sui testi del Vangelo e del Diario della santa Faustina.

Dopo aver recitato la preghiera introduttiva alla Via Crucis di pag. 88, è possibile, in ogni stazione, seguire questo schema:

1. Enunciazione della stazione.

2. Ti adoriamo, o Cristo, e ti benediciamo.
Perché con la tua Santa Croce hai redento il mondo.

3. Lettura del Vangelo.

4. Riflessione personale in silenzio.

5. Lettura della meditazione tratta dal Diario di santa Faustina.

6. Preghiera a Gesù Misericordioso.

7. Padre nostro.

Inizio della Via Crucis

Nel nome del Padre e del Figlio e dello Spirito Santo. Amen.

Prima di meditare sulla passione di Gesù,
riconosciamoci umilmente peccatori dinanzi a Dio.

Pausa di silenzio

Credo *(vedi pag. 77)*

Preghiera introduttiva

Signore misericordioso, mio Maestro, voglio seguirti fedelmente, voglio imitarti nella mia vita in modo sempre più perfetto.

Per questo, ti chiedo di concedermi, attraverso la meditazione della tua passione, la grazia di una sempre maggiore comprensione dei misteri della vita spirituale.

Maria, Madre di Misericordia, sempre fedele a Cristo, conducimi sulla via della passione dolorosa di tuo Figlio e intercedi per me le grazie necessarie, perché questa Via Crucis sia fruttuosa.

La offro per: *(si dichiari il soggetto a favore di cui si offre la Via Crucis: ad esempio, per i sacerdoti, per i religiosi e per tutti coloro che tendono alla perfezione)*.

"Appena spirasti, Gesù, scaturì per le anime una sorgente di vita e si aprì un mare di Misericordia per il mondo intero.

O Sorgente di Vita, insondabile Misericordia Divina, abbraccia il mondo intero e riversati sopra di noi!".

Prima stazione

• Gesù condannato dal Sinedrio •

Ti adoriamo Cristo, e ti benediciamo.
Perché con la tua Santa Croce hai redento il mondo.

I capi dei sacerdoti e tutto il sinedrio cercavano una falsa testimonianza contro Gesù, per metterlo a morte; ma non la trovarono, sebbene si fossero presentati molti falsi testimoni (Mt 26,59 - 60).

GESÙ: ***"Non meravigliarti se qualche volta vieni sospettata ingiustamente. Io per primo, per amor tuo, ho bevuto quel calice di sofferenze ingiuste. Quando ero davanti ad Erode, imploravo per te la grazia. Che tu sappia innalzarti sopra il disprezzo umano e sappia seguire fedelmente le mie orme".***
FAUSTINA: "Siamo sensibili alle parole ed intendiamo rispondere subito con sensibilità, e non consideriamo se sia volontà di Dio che noi rispondiamo". "L'anima silenziosa è forte; nessuna avversità le reca danno, se persevera nel silenzio". "L'anima silenziosa è idonea alla più profonda unione con Dio".

Gesù misericordioso, aiutami a saper accettare ogni giudizio umano e non lasciare che mai ti condanni a morte nella persona del mio prossimo.

Padre nostro

Seconda stazione

• Gesù prende la Croce sulle spalle •

Ti adoriamo Cristo...

Allora Pilato fece prendere Gesù e lo fece flagellare. E i soldati, intrecciata una corona di spine, gliela posero sul capo e gli misero addosso un mantello di porpora. Poi gli si avvicinavano e dicevano: «Salve, re dei Giudei!"» (Gv 19,1-3).

GESÙ: ***"Non aver paura delle sofferenze. Io sono con te. Quanto più ami la sofferenza, tanto più puro sarà il tuo amore verso di me".***

FAUSTINA: "Gesù, ti ringrazio per le piccole croci quotidiane, per le contrarietà che incontro nelle mie iniziative, per il peso della vita comunitaria, per l'interpretazione distorta delle mie intenzioni, per le umiliazioni che provengono dagli altri, per il comportamento aspro verso di noi, per i sospetti ingiusti, per la salute cagionevole e per le forze che vengono meno, per il ripudio della mia volontà, per l'annientamento del mio proprio io, per il mancato riconoscimento in tutto, per gli impedimenti posti a tutti i miei progetti".

Gesù misericordioso, insegnami ad apprezzare la fatica della vita, la malattia, ogni sofferenza e a portare con amore questa Croce quotidiana.

Padre nostro

Terza stazione

• Gesù cade per la prima volta •

Ti adoriamo Cristo, e ti benediciamo.
Perché con la tua Santa Croce hai redento il mondo.

Noi tutti eravamo sperduti come un gregge, ognuno di noi seguiva la sua strada; il Signore fece ricadere su di lui l'iniquità di noi tutti. Perciò io gli darò in premio le moltitudini, dei potenti egli farà bottino, perché ha spogliato se stesso fino alla morte ed è stato annoverato fra gli empi, mentre egli portava il peccato di molti e intercedeva per i colpevoli (Is 53,6.12).

GESÙ: ***"Le colpe involontarie delle anime non impediscono il mio amore (...) né mi sono d'ostacolo nell'unirmi ad esse; invece, le colpe anche quelle più piccole, ma volontarie, ostacolano le mie grazie, e non posso colmare tali anime dei miei doni"*.**
FAUSTINA: "O mio Gesù, sono tanto propensa al male e questo mi costringe ad una vigilanza continua su di me; ma nulla mi scoraggia, ho fiducia nella grazia di Dio, che abbonda dov'è la più grande miseria".

Gesù misericordioso, proteggimi da ogni infedeltà, anche la più piccola, ma volontaria e consapevole.

Padre nostro

Quarta stazione

• Gesù incontra sua Madre •

Ti adoriamo Cristo, e ti benediciamo.
Perché con la tua Santa Croce hai redento il mondo.

Simeone li benedisse e a Maria, sua madre, disse: «Ecco, egli è qui per la caduta e la risurrezione di molti in Israele e come segno di contraddizione e anche a te una spada trafiggerà l'anima» (Lc 2,34-35).

GESÙ: ***"Sebbene tutte le opere, che sorgono per mia volontà, siano esposte a grandi sofferenze, tuttavia considera se ce n'è stata mai qualcuna di esse, esposta a maggiori ostacoli dell'opera direttamente mia, l'opera della redenzione. Non devi preoccuparti troppo delle contrarietà".***

FAUSTINA: "Vidi la Santissima Vergine indicibilmente bella che si avvicinò a me mi strinse a sé e mi disse queste parole: 'Sii coraggiosa; non temere gli ostacoli ingannevoli, ma considera attentamente la passione di mio Figlio ed in questo modo vincerai'".

Maria, Madre di Misericordia, stai accanto a me sempre, soprattutto nella sofferenza, così come stavi sulla Via Crucis di tuo Figlio.

Padre nostro

Quinta stazione

• Gesù è aiutato da Simone di Cirene • a portare la Croce

Ti adoriamo Cristo, e ti benediciamo.
Perché con la tua Santa Croce hai redento il mondo.

Mentre lo conducevano via, fermarono un certo Simone di Cirene, che tornava dai campi, e gli misero addosso la croce, da portare dietro a Gesù (Lc 23,26).

GESÙ: ***"Permetto le contrarietà per aumentare i suoi meriti. Do la ricompensa non per il risultato positivo, ma per la pazienza e la fatica sopportata per me".***
FAUSTINA: "O mio Gesù, tu non dai la ricompensa per il successo dell'opera, ma per la volontà sincera e per la fatica sostenuta; per questo sono pienamente tranquilla, anche se tutte le mie iniziative ed i miei sforzi venissero annullati o non fossero mai realizzati. Se avrò fatto tutto ciò che è in mio potere, il resto non è affar mio".

Gesù, mio Signore, che ogni pensiero, parola, azione siano fatte solo per amore tuo. Purifica le mie intenzioni.

Padre nostro

Sesta stazione

• Veronica asciuga il volto di Gesù •

Ti adoriamo Cristo, e ti benediciamo.
Perché con la tua Santa Croce hai redento il mondo.

È cresciuto come un virgulto davanti a lui e come una radice in terra arida. Non ha apparenza né bellezza per attirare i nostri sguardi, non splendore per poterci piacere. Disprezzato e reietto dagli uomini, uomo dei dolori che ben conosce il patire, come uno davanti al quale ci si copre la faccia; era disprezzato e non ne avevamo alcuna stima (Is 53,2 - 3).

GESÙ: ***"Sappi che tutto ciò che fai di buono per qualsiasi anima, lo accetto come se lo avessi fatto a me stesso".***
FAUSTINA: "Un grande amore trasforma le piccole cose in cose grandi e solo l'amore dà valore alle nostre azioni".

Signore Gesù, mio Maestro, fa' che i miei occhi, le mie mani, le mie labbra, il mio cuore… siano misericordiosi. Trasformami in Misericordia.

Padre nostro

Settima stazione

• Gesù cade per la seconda volta •

Ti adoriamo Cristo, e ti benediciamo.
Perché con la tua Santa Croce hai redento il mondo.

Eppure egli si è caricato delle nostre sofferenze, si è addossato i nostri dolori; e noi lo giudicavamo castigato, percosso da Dio e umiliato (Is 53,4).

GESÙ: ***"La causa delle tue cadute dipende dal fatto che conti troppo su te stessa e ti appoggi troppo poco su di me. Sappi che da sola non puoi fare nulla. Senza un mio aiuto particolare, non sei nemmeno capace di ricevere le mie grazie".***

FAUSTINA: "Gesù, non lasciarmi sola nella sofferenza. Tu, Signore, sai quanto sono debole, sono un abisso di miseria, sono il nulla stesso. Perciò, che c'è di strano se mi lasci sola e cado? Per questo, o Gesù, devi stare continuamente con me come una madre presso un bambino debole e anche di più".

Che la tua grazia mi fortifichi, o Signore, affinché io non cada sempre negli stessi errori; e quando cadrò, aiutami a rialzarmi e a cantare la tua Misericordia.

Padre nostro

Ottava stazione

• Gesù incontra le donne di Gerusalemme •

Ti adoriamo Cristo, e ti benediciamo.
Perché con la tua Santa Croce hai redento il mondo.

Lo seguiva una grande moltitudine di popolo e di donne, che si battevano il petto e facevano lamenti su di lui. Ma Gesù, voltandosi verso di loro, disse: «Figlie di Gerusalemme, non piangete su di me, ma piangete su voi stesse e sui vostri figli» (Lc 23,27-28).

GESÙ: ***"Oh, quanto mi è gradita la fede viva! Desidero che nel momento presente ci sia in voi più fede".***
FAUSTINA: "Prego ardentemente il Signore che si degni di fortificare la mia fede, affinché nella grigia vita quotidiana non mi regoli secondo considerazioni umane, ma secondo lo spirito.
Oh, come tutto attira l'uomo verso la terra! Ma una fede viva mantiene l'anima in una sfera più alta ed assegna all'amor proprio il posto che gli spetta, cioè l'ultimo".

Signore misericordioso, ti ringrazio per il Santo Battesimo e la grazia della fede. Di nuovo grido: Signore, credo in te, rafforza la mia fede!

Padre nostro

Nona stazione

• Gesù cade per la terza volta •

Ti adoriamo Cristo, e ti benediciamo.
Perché con la tua Santa Croce hai redento il mondo.

Maltrattato, si lasciò umiliare e non aprì la sua bocca; era come agnello condotto al macello, come pecora muta di fronte ai suoi tosatori, e non aprì la sua bocca. Ma al Signore è piaciuto prostrarlo con dolori (Is 53,7.10a).

GESÙ: ***"Sappi che l'ostacolo più grande alla santità è lo scoraggiamento e l'inquietudine ingiustificata, che ti toglie la possibilità di esercitarti nelle virtù. Io sono sempre disposto a perdonarti. Ogni volta che me lo chiedi, esalti la mia Misericordia".***

FAUSTINA: "O mio Gesù, nonostante le tue grazie, sento e vedo tutta la mia miseria. Comincio la giornata lottando e la termino lottando. Appena rimuovo una difficoltà, al suo posto ne sorgono dieci da superare, ma non m'affliggo per questo, poiché so bene che questo è il tempo della lotta, non della pace".

Signore misericordioso, ti offro ciò che è soltanto mio, cioè il peccato e la debolezza umana. Ti supplico che la mia miseria scompaia nella tua infinita Misericordia.

Padre nostro

Decima stazione

• Gesù spogliato delle vesti •

Ti adoriamo Cristo, e ti benediciamo.
Perché con la tua Santa Croce hai redento il mondo.

I soldati poi, quando ebbero crocifisso Gesù, presero le sue vesti, ne fecero quattro parti – una per ciascun soldato – e la tunica. Ma quella tunica era senza cuciture, tessuta tutta d'un pezzo da cima a fondo. Perciò dissero tra loro: «Non stracciamola, ma tiriamo a sorte a chi tocca». Così si compiva la Scrittura (Gv 19,23-24a).

FAUSTINA: "Gesù si è presentato improvvisamente davanti a me privo delle vesti, coperto di piaghe su tutto il corpo, con gli occhi inondati di sangue e di lacrime, col volto deturpato, coperto di sputi. D'un tratto il Signore mi ha detto:
GESÙ: ***'La sposa deve essere simile al suo Sposo'.***
FAUSTINA: Compresi queste parole fino in fondo. Qui non c'è possibilità di alcun dubbio. La mia somiglianza con Gesù deve avvenire attraverso la sofferenza e l'umiltà".

Gesù silenzioso e dal Cuore umile, trasforma il mio cuore secondo il tuo.

Padre nostro

Undicesima stazione

• Gesù è crocifisso •

Ti adoriamo Cristo, e ti benediciamo.
Perché con la tua Santa Croce hai redento il mondo.

Quelli che passavano di lì lo insultavano, scuotendo il capo e dicendo: «Tu, che distruggi il tempio e in tre giorni lo ricostruisci, salva te stesso, se tu sei Figlio di Dio, e scendi dalla croce!». Così anche i capi dei sacerdoti, con gli scribi e gli anziani, facendosi beffe di lui dicevano: «Ha salvato altri e non può salvare se stesso! È il re d'Israele; scenda ora dalla croce e crederemo in lui. Ha confidato in Dio; lo liberi lui, ora, se gli vuol bene» (Mt 27,39-43).

GESÙ: ***'Mia discepola, abbi un grande amore per coloro che ti fanno soffrire. Fa' del bene a coloro che ti odiano'.***

FAUSTINA: "O mio Gesù, tu sai quanta fatica occorre per trattare sinceramente e con semplicità con coloro dai quali la nostra natura rifugge, oppure con coloro che consapevolmente od anche inconsapevolmente ci hanno fatto soffrire. In quei momenti più che in altre circostanze, cerco di scoprire Gesù, in quella persona e per amore di Gesù faccio tutto per quelle persone".

O Amore purissimo, regna totalmente nel mio cuore e fammi amare ciò che supera la misura umana.

Padre nostro

Dodicesima stazione

• Gesù muore sulla Croce •

Ti adoriamo Cristo, e ti benediciamo.
Perché con la tua Santa Croce hai redento il mondo.

Era già verso mezzogiorno e si fece buio su tutta la terra fino alle tre del pomeriggio, perché il sole si era eclissato. Il velo del tempio si squarciò a metà. Gesù, gridando a gran voce, disse: «Padre, nelle tue mani consegno il mio spirito» Detto questo, spirò (Lc 23,44-46).

GESÙ: ***"Tutto questo per la salvezza delle anime. Rifletti, figlia mia, su quello che fai tu per la salvezza delle anime".***
FAUSTINA: "Vidi Gesù inchiodato sulla Croce. Dopo che Gesù era rimasto appeso per un momento, vidi una schiera di anime crocifisse come Gesù. E vidi una terza schiera di anime e una seconda schiera di anime. La seconda schiera non era inchiodata sulla Croce, ma quelle anime tenevano saldamente la Croce in mano. La terza schiera di anime invece non era né crocifissa, né teneva la Croce in mano, ma quelle anime trascinavano la Croce dietro di sé ed erano insoddisfatte. Allora Gesù mi disse:
GESÙ: ***'Vedi quelle anime, che sono simili a me anche nella sofferenza e nel disprezzo: le stesse saranno***

simili a me anche nella gloria.
E quelle che assomigliano meno a me nella sofferenza e nel disprezzo: le stesse assomiglieranno meno a me anche nella gloria"".

Gesù, Salvatore mio, nascondimi nel profondo del tuo Cuore, perché rafforzata dalla tua grazia possa rendermi simile a te nell'amore della Croce e possa partecipare alla tua gloria.

Padre nostro

Tredicesima stazione

• Gesù è deposto dalla Croce •

Ti adoriamo Cristo, e ti benediciamo.
Perché con la tua Santa Croce hai redento il mondo.

Visto ciò che era accaduto, il centurione dava gloria a Dio dicendo: «Veramente quest'uomo era giusto». Così pure tutta la folla che era venuta a vedere questo spettacolo, ripensando a quanto era accaduto, se ne tornava battendosi il petto (Lc 23,47-48).

GESÙ: ***"L'anima che mi è più cara è quella che crede fermamente nella mia bontà ed ha piena fiducia in me: le ricambio la mia fiducia e le do tutto quello che chiede".***
FAUSTINA: "Ricorro alla tua Misericordia, o Dio benigno, a te che sei il solo buono. Benché la mia miseria sia grande e le mie colpe numerose, confido nella tua

Misericordia, perché sei il Dio della Misericordia e da secoli non si è mai udito, né la terra né il cielo ricordano, che un'anima fiduciosa nella tua Misericordia sia rimasta delusa".

Gesù Misericordioso, aumenta ogni giorno in me la fiducia nella tua Misericordia, perché sempre e ovunque io possa testimoniare la tua infinita bontà e amore.

Padre nostro

Quattordicesima stazione

• Gesù è deposto nel Sepolcro •

Ti adoriamo Cristo, e ti benediciamo.
Perché con la tua Santa Croce hai redento il mondo.

Essi presero allora il corpo di Gesù e lo avvolsero con teli, insieme ad aromi, come usano fare i Giudei per preparare la sepoltura. Ora, nel luogo dove era stato crocifisso, vi era un giardino e nel giardino un sepolcro nuovo, nel quale nessuno era stato ancora posto. Là dunque, poiché era il giorno della Parasceve dei Giudei e dato che il sepolcro era vicino, posero Gesù. (Gv 19,40-42).

GESÙ: ***"Ancora non sei nella patria, perciò va', fortificata dalla mia grazia e combatti per il mio regno nelle anime umane, combatti come figlia del Re e ricordati che i giorni dell'esilio passeranno presto e con essi la possibi-***

lità di acquistare meriti per il cielo. Da te mi aspetto un gran numero di anime, che glorificheranno la mia Misericordia per tutta l'eternità".

FAUSTINA: "Ogni anima che m'hai affidata, o Gesù, cercherò di aiutarla con la preghiera e con il sacrificio, affinché la tua grazia possa operare in essa. O grande innamorato delle anime, o mio Gesù, ti ringrazio per la grande fiducia, poiché ti sei degnato di affidare queste anime alle nostre cure".

Fa', o Signore Misericordioso, che nessuna delle anime che mi hai affidato perisca.

Padre nostro

Preghiera dopo la Via Crucis

O mio Gesù, unica mia speranza, ti ringrazio per questo grande libro, che hai aperto davanti agli occhi della mia anima. Il grande libro è la tua passione affrontata per amor mio. Da questo libro ho imparato come amare Dio e le anime. In esso sono racchiusi (...) inesauribili tesori. O Gesù, quanto sono poche le anime che ti comprendono nel tuo martirio d'amore! (...). Felice l'anima che ha capito l'amore del Cuore di Gesù!

(Secondo le intenzioni del Sommo Pontefice)

Padre nostro • Ave Maria • Gloria al Padre

5. La Diffusione
del culto alla Divina Misericordia

"Le anime che diffondono il culto della mia Misericordia, le proteggo per tutta la vita, come una tenera madre protegge il suo bimbo ancora lattante, e nell'ora della morte non sarò per loro giudice, ma salvatore misericordioso".

Gesù ha legato a questa forma del culto tre promesse:

1. La prima è la protezione materna.
2. La seconda promessa riguarda l'ora della morte: *"Verso quelle anime, che esalteranno e faranno conoscere ad altri la mia Misericordia, nell'ora della morte, mi comporterò secondo la mia Misericordia infinita".*
3. Infine, ai sacerdoti che parleranno della Misericordia di Dio, Gesù ha promesso che i peccatori induriti si inteneriranno alle loro parole.

Questo vuol dire che le omelie, incentrate sulla Divina Misericordia, hanno un'efficacia straordinaria per la conversione dei peccatori.

In foto: Esterno Santuario della Divina Misericordia a Łagiewniki - Cracovia, Polonia

Il Signore Gesù, invitando a diffondere il culto della Divina Misericordia, ha promesso la sua protezione particolare per tutta la vita e nell'ora della morte.

Una promessa particolare ha riservato per i sacerdoti, dicendo che *"i peccatori induriti si intenereranno alle loro parole, quando essi parleranno della mia sconfinata Misericordia e della compassione che ho per loro nel mio cuore. Ai sacerdoti, che proclameranno ed esalteranno la mia Misericordia, darò una forza meravigliosa, unzione alle loro parole e commuoverò i cuori ai quali parleranno".*

La devozione e l'apostolato della Divina Misericordia si devono esprimere in ogni sfera della vita, vivificata da una fiducia illimitata nella bontà di Dio e segnata da atti di carità per il prossimo.

Gesù ha promesso a santa Faustina che *"tutte le anime che adoreranno la mia Misericordia e ne diffonderanno il culto, esortando altre anime alla fiducia nella mia Misericordia, queste anime nell'ora della morte non avranno paura.*

La mia Misericordia le proteggerà in quell'ultima lotta".

• • • •

"O amore eterno, desidero che ti conoscano tutte le anime che hai creato.

Desidererei diventare sacerdote; parlerei incessantemente della tua Misericordia alle anime peccatrici, immerse nella disperazione.

Desidererei essere un missionario e portare la luce della fede nei paesi selvaggi, per farti conoscere alle anime e morire annientata per loro con la morte del martirio, con la quale sei morto tu, per me e per loro.

O Gesù, so inoltre molto bene che posso essere sacerdote, missionario, predicatore; posso fare la morte dei martiri col mio totale annientamento ed il rinnegamento di me stessa per amor tuo, o Gesù, e delle anime immortali.

Un grande amore trasforma le piccole cose in cose grandi e solo l'amore dà valore alle nostre azioni, e tanto più il nostro amore diventa puro, tanto meno il fuoco delle sofferenze avrà da distruggere in noi.

Quello che desidero più ardentemente, è che le anime conoscano te; che sappiano che tu sei la loro eterna felicità; che credano alla tua bontà e glorifichino la tua Misericordia infinita".

altre preghiere

Le preghiere
di santa Faustina

Davanti al Santissimo Sacramento

Ti adoro Creatore e Signore nascosto nel Santissimo Sacramento. Ti adoro per tutte le opere delle tue mani, nelle quali si rivela tanta sapienza, bontà e Misericordia. O Signore, hai seminato tanta bellezza sulla terra ed essa mi parla della tua bellezza, benché sia soltanto un pallido riflesso di te, Bellezza inconcepibile. E sebbene ti sia nascosto e ti tenga occultato ed abbia nascosto la tua bellezza, il mio occhio illuminato dalla fede ti raggiunge e la mia anima riconosce il suo Creatore, suo sommo bene, ed il mio cuore s'immerge totalmente in una preghiera di adorazione.

O mio Creatore e Signore, la tua bontà m'incoraggia a parlarti, la tua Misericordia fa scomparire fra di noi l'abisso che separa il Creatore dalla creatura. È una delizia per il mio cuore parlare con te, o Signore. In te trovo tutto ciò che il mio cuore può desiderare. Qui la tua luce illumina il mio intelletto e lo rende idoneo a conoscerti sempre più profondamente. Qui sul mio cuore scendono torrenti di grazie, qui la mia anima attinge la vita eterna.

O mio Creatore e Signore, tu solo, oltre a questi doni, mi dai te stesso e ti unisci strettamente alla tua misera creatura. Qui i nostri cuori si comprendono senza ricorrere alle parole, qui nessuno è in grado di interrompere il nostro colloquio. Quello di cui parlo con te, o Gesù, è un nostro segreto, di cui le creature non saranno messe al corrente. Si tratta di perdoni segreti, che conosciamo solo Gesù e io; è un segreto della sua Misericordia che abbraccia singolarmente ogni anima.

Per questa tua inconcepibile bontà, ti adoro, o Creatore e Signore, con tutto il cuore e con tutta l'anima. E benché questa mia adorazione sia tanto misera ed insignificante, tuttavia sono tranquilla, perché so che tu conosci che essa è sincera, sebbene così inadeguata.

Per ottenere la Misericordia di Dio per il mondo intero

Dio di grande Misericordia, bontà infinita, ecco che oggi tutta l'umanità grida dall'abisso della sua miseria alla tua Misericordia, alla tua compassione, o Dio, e grida con la voce potente della propria miseria. O Dio benigno, non respingere la preghiera degli esuli di questa terra. O Signore, bontà inconcepibile, tu conosci perfettamente la nostra miseria e sai che non siamo in grado di innalzarci fino a te con le nostre forze. Ti supplichiamo, previenici con la tua grazia e moltiplica incessantemente su di noi la tua Misericordia, in modo che possiamo adempiere fedelmente la tua santa volontà durante tutta la vita e nell'ora della morte.

L'onnipotenza della tua Misericordia ci difenda dagli assalti dei nemici della nostra salvezza, in modo che possiamo attendere con fiducia, come figli tuoi, la tua ultima venuta nel giorno noto soltanto a te. E speriamo, nonostante tutta la nostra miseria, di ottenere tutto ciò che ci è stato promesso da Gesù, poiché Gesù è la nostra fiducia; attraverso il suo Cuore misericordioso, come attraverso una porta aperta, entreremo in paradiso.

Per la santa Chiesa e i sacerdoti

O mio Gesù, ti prego per tutta la Chiesa, concedile l'amore e la luce del tuo Spirito, dai vigore alle parole dei sacerdoti, in modo che i cuori induriti si inteneriscano e ritornino a te, Signore. O Signore, dacci santi sacerdoti; tu stesso conservali nella santità. O Divino e Sommo Sacerdote, la potenza della tua Misericordia li accompagni in ogni luogo e li difenda dalle insidie e dai lacci del diavolo, che egli tende continuamente alle anime dei sacerdoti. La potenza della tua Misericordia, o Signore, spezzi ed annienti tutto ciò che può oscurare la santità dei sacerdoti, poiché tu puoi tutto.

Per la patria

O Gesù misericordiosissimo, ti prego per l'intercessione dei tuoi santi e specialmente per intercessione della tua amatissima Madre, che ti ha allevato fin dall'infanzia, ti supplico, benedici la mia Patria. O Gesù, non guardare ai nostri peccati, ma guarda le lacrime dei bambini piccoli, la fame ed il freddo che soffrono.

O Gesù, per questi innocenti, concedimi la grazia, che ti chiedo per la mia Patria.

Preghiera di ringraziamento

O Gesù, o Dio eterno, ti ringrazio per i tuoi innumerevoli benefici e le tue grazie.

Ogni battito del mio cuore sia un inno di ringraziamento per te, o Dio. Ogni goccia del mio sangue circoli per te, o Signore. La mia anima è tutta un cantico di ringraziamento alla tua Misericordia. Ti amo, o Dio, per te stesso.

Per chiedere l'amore di Dio

"Figlia mia, scrivi che sono molto addolorato quando delle anime consacrate si accostano al sacramento dell'amore soltanto per abitudine, come se non distinguessero la differenza di questo cibo. Nei loro cuori non trovo né fede, né amore. In tali anime vado con grande riluttanza; sarebbe meglio che non mi ricevessero".

Dolcissimo Gesù, infiamma il mio amore verso di te e trasformami in te.

Divinizzami, affinché le mie azioni ti siano gradite. Questo lo compia la potenza della Santa Comunione, che ricevo ogni giorno.

Quanto desidero essere completamente trasformata in te, o Signore!

Per il dono della sapienza

O Gesù, dammi l'intelligenza, una grande intelligenza illuminata dalla fede, unicamente per conoscere meglio te, poiché più ti conosco, più ardentemente ti amo.

Gesù, ti chiedo una forte intelligenza, per comprendere le cose divine e superiori.

Gesù, dammi una grande intelligenza, con la quale potrò conoscere la tua Essenza divina e la tua vita interiore e trinitaria.

Rendi capace la mia mente con una tua grazia speciale.

Atti di fiducia

O Gesù mio, unica speranza, ti ringrazio per questo grande libro, che hai aperto davanti agli occhi della mia anima. Il grande libro è la tua Passione affrontata per amore mio. Da questo libro ho imparato come amare Dio e le anime. In esso sono racchiusi per noi inesauribili tesori. O Gesù, quanto sono poche le anime che ti comprendono nel tuo martirio d'amore!

• • • •

Conosco tutta la potenza della tua Misericordia ed ho fiducia che mi darai tutto quello di cui ha bisogno questo tuo fragile bambino.

• • • •

O Gesù nascosto nel Santissimo Sacramento dell'altare, Amore mio e mia unica Misericordia, ti raccomando tutte le necessità della mia anima e del mio corpo.

Tu puoi aiutarmi, poiché sei la Misericordia stessa, in te sta tutta la mia speranza.
Ricorro alla tua Misericordia, o Dio benigno, a te che sei il solo buono. Benché la mia miseria sia grande e le mie colpe numerose, confido nella tua Misericordia, perché sei il Dio della Misericordia e da secoli non si è mai udito, né la terra né il cielo ricordano, che un'anima fiduciosa nella tua Misericordia sia rimasta delusa.
O Dio di pietà, tu solo puoi perdonarmi e non mi respingerai mai, quando ricorrerò pentita al tuo Cuore misericordioso, dal quale nessuno ha mai ricevuto un rifiuto, fosse pure stato il più grande peccatore.

Per la grazia di compiere le opere di Misericordia verso il prossimo

Desidero trasformarmi tutta nella tua Misericordia ed essere il riflesso vivo di te, o Signore. Che il più grande attributo di Dio, cioè la sua incommensurabile Misericordia, giunga al mio prossimo attraverso il mio cuore e la mia anima.

Aiutami, o Signore, a far sì che i miei occhi siano misericordiosi, in modo che io non nutra mai sospetti e non giudichi sulla base di apparenze esteriori, ma sappia scorgere ciò che c'è di bello nell'anima del mio prossimo e gli sia di aiuto.

Aiutami a far sì che il mio udito sia misericordioso, che mi chini sulle necessità del mio prossimo, che le mie orecchie non siano indifferenti ai dolori ed ai gemiti del mio prossimo.

Aiutami, o Signore, a far sì che la mia lingua sia misericordiosa e non parli mai sfavorevolmente del prossimo, ma abbia per ognuno una parola di conforto e di perdono.

Aiutami, o Signore, a far sì che le mie mani siano misericordiose e piene di buone azioni, in modo che io sappia fare unicamente del bene al prossimo e prenda su di me i lavori più pesanti e più penosi.

Aiutami a far sì che i miei piedi siano misericordiosi, in modo che io accorra sempre in aiuto del prossimo, vincendo la mia indolenza e la mia stanchezza. Il mio vero riposo sta nella disponibilità verso il prossimo.

Aiutami, Signore, a far sì che il mio cuore sia misericordioso, in modo che partecipi a tutte le sofferenze del prossimo. A nessuno rifiuterò il mio cuore. Mi comporterò sinceramente anche con coloro di cui so che abuseranno della mia bontà, mentre io mi rifugerò nel misericordiosissimo Cuore di Gesù.

Non parlerò delle mie sofferenze. Alberghi in me la tua Misericordia, o mio Signore.

O Gesù mio, trasformami in te stesso, poiché tu puoi fare tutto.

Per i peccatori

O Dio di grande Misericordia, che ti sei degnato d'inviarci il tuo Figlio Unigenito come la più grande dimostrazione d'amore e di Misericordia senza limiti, tu non respingi i peccatori, ma hai aperto anche a loro il tesoro della tua infinita Misericordia, al quale possono attingere in abbondanza, non solo la giustificazione, ma ogni santità alla quale l'anima può giungere.

Padre di grande Misericordia, desidero che tutti i cuori si rivolgano con fiducia alla tua infinita Misericordia. Nessuno potrà giustificarsi davanti a te, se non l'accompagnerà la tua insondabile Misericordia.

Quando ci rivelerai il mistero della tua Misericordia, l'eternità non sarà sufficiente per ringraziarti per essa adeguatamente

• • • •

O Gesù, quanto mi fanno pena i poveri peccatori. O Gesù, concedi loro il pentimento ed il dolore; ricordati della tua dolorosa passione. Conosco la tua infinita Misericordia. Non posso sopportare che un'anima, che a te è costata così tanto, debba perire.

O Gesù, dammi le anime dei peccatori.

La tua Misericordia si posi su di loro.

Prendimi tutto, ma dammi le anime.

Desidero diventare una vittima sacrificale per i peccatori. L'involucro del corpo nasconda il mio sacrificio, dato che anche il tuo Sacratissimo Cuore è nascosto nell'ostia, dove pertanto sei un olocausto vivo.

O Gesù, transustanziami in te, affinché io sia un olocausto vivo a te gradito. Desidero riparare in ogni momento per i poveri peccatori. O mio Creatore e Padre di grande Misericordia, io confido in te, poiché sei la Bontà personificata.

Nella sofferenza

O Ostia viva, sostienimi in questo esilio, perché possa seguire fedelmente le orme del Salvatore. Non ti chiedo, Signore, di togliermi dalla Croce, ma ti supplico di darmi la forza di perseverare su di essa.

Desidero essere crocifissa come te, o Gesù; desidero tutti i tormenti ed i dolori che hai patito tu; desidero bere il calice dell'amarezza fino in fondo.

• • • •

O mio Gesù, dammi la forza di sopportare le sofferenze, in modo che non mi rifiuti di bere il calice dell'amarezza. Aiutami tu stesso, affinché il mio sacrificio ti sia gradito; non lo contamini l'amor proprio, anche se si prolunga negli anni. La purezza d'intenzione te lo renda ben accetto, sempre nuovo e vitale.

Una lotta perenne, uno sforzo incessante, questa è la mia vita, per adempiere la tua santa volontà; ma tutto ciò che è in me, sia la miseria che la forza, tutto ti lodi, o Signore.

Per la buona morte

O Gesù misericordioso, disteso sulla Croce, ricordati dell'ora della nostra morte.

O misericordiosissimo Cuore di Gesù, aperto dalla lancia, nascondimi nell'ultima ora della morte. O Sangue e Acqua, che scaturiste dal Cuore di Gesù, come sorgente d'insondabile Misericordia per me, o Gesù agonizzante, ostaggio di Misericordia, mitiga l'ira di Dio nell'ora della mia morte.

• • • •

O mio Gesù, fa, che gli ultimi giorni dell'esilio siano completamente conformi alla tua santissima volontà. Unisco le mie sofferenze, le mie amarezze e l'agonia stessa alla tua santa passione, e mi offro per il mondo intero, per impetrare l'abbondanza della Divina Misericordia alle anime e specialmente alle anime che vivono nelle nostre case. Ho tanta fiducia e mi affido completamente alla tua santa volontà, che è la Misericordia stessa. La tua Misericordia sarà tutto per me nell'ultima ora.

Alla Madre di Dio

O Maria, Madre e Signora mia, affido a te la mia anima ed il mio corpo, la mia vita e la mia morte e ciò che verrà dopo. Metto tutto nelle tue mani.

O Madre mia, copri col tuo manto verginale la mia anima e concedimi la grazia della purezza del cuore, dell'anima e del corpo e difendimi con la tua potenza da tutti i nemici [...].

O splendido giglio, tu sei il mio specchio, o Madre mia.

• • • •

O Madre di Dio, la tua anima è stata immersa in un mare di amarezze: guarda alla tua bambina ed insegnale a soffrire e ad amare nella sofferenza. Fortifica la mia anima, in modo che il dolore non la spezzi.

• • • •

O dolce Madre del Signore, su te modello la mia vita, tu sei per me un'aurora radiosa, estasiata m'immergo tutta in te. O Madre, o Vergine Immacolata, in te si riflette per me il raggio di Dio.

Tu m'insegni ad amare il Signore nelle tempeste, tu sei il mio scudo e la mia difesa dai nemici.

Il santo Rosario

Santa Faustina vedeva in Maria la sua maestra di vita interiore: non soltanto la pregava e la festeggiava, ma cercava di imitarla e di imparare da lei.

Seguiamo l'esempio della Santa onorando la Beata Vergine Maria con la recita del Santo Rosario.
Dopo aver recitato la **Preghiera di introduzione** *(vedi pag. 128)* si prende in mano la corona del Santo Rosario e si prega così:

Crocifisso: Credo *(vedi pag. 77)*

Sui cinque grani che uniscono il crocifisso alla crociera della corona:

1° grano: Padre nostro.
2° grano: Ave Maria per la Fede.
3° grano: Ave Maria per la Speranza.
4° grano: Ave Maria per la Carità.
5° grano: Gloria al Padre.

Struttura di ogni decina

• Per ciascuno dei cinque misteri:
Enunciazione del mistero, lettura del versetto biblico appropriato, e della meditazione tratta dal Diario di santa Faustina.

Breve pausa di riflessione

Padre nostro • 10 Ave Maria • Gloria al Padre

Possono seguire altre invocazioni, ad esempio:
"O Gesù, perdona le nostre colpe, preservaci dal fuoco dell'inferno, porta in Cielo tutte le anime, specialmente le più bisognose della tua Misericordia".

(La Madonna a Fatima, 13 luglio 1917)

"Mio Dio, credo, adoro, spero e ti amo. Domando perdono, per quelli che non credono, non adorano, non sperano e non ti amano".
"Santissima Trinità, Padre, Figlio e Spirito Santo: ti adoro profondamente e ti offro il preziosissimo Corpo, Sangue, Anima e Divinità di Gesù Cristo, presente in tutti i tabernacoli del mondo, in riparazione degli oltraggi, sacrilegi, indifferenze con cui egli è offeso. E per meriti infiniti del suo Sacratissimo Cuore e del Cuore Immacolato di Maria ti domando la conversione dei poveri peccatori".

(L'Angelo della Pace ai tre bambini di Fatima, nel 1917)

Lodato sempre sia.
Il santo nome di Gesù, di Giuseppe e di Maria.

Regina della Pace, prega per noi.

San Giuseppe, prega per noi.

San Michele arcangelo, prega per noi.

• **Alla fine di ogni quinto mistero:**
Recita del Salve Regina e delle Litanie alla Divina Misericordia.

Inizio del Rosario

Nel nome del Padre e del Figlio e dello Spirito Santo. Amen.

O Dio, vieni a salvarmi.

Signore, vieni presto in mio aiuto.

Gloria al Padre

Credo *(vedi pag. 77)*

Preghiera d'introduzione

"Vidi la Madonna fra cielo e terra, in una veste chiara. Pregava con le mani giunte sul petto e lo sguardo rivolto al cielo e dal suo Cuore uscivano dei raggi di fuoco, alcuni dei quali erano diretti verso il cielo, mentre gli altri coprivano la nostra terra.

O Vergine radiosa, pura come il cristallo, tutta immersa in Dio, affido a te la mia vita interiore. Organizza tutto in modo che sia gradito a tuo Figlio, o Madre mia".

Offro la preghiera del Rosario, attraverso le tue mani, Madre di Misericordia, per la Santa Chiesa, per la nostra Patria e per chiedere la grazia della conversione dei peccatori di tutto il mondo.

Misteri della gioia

Lunedì e Sabato

1. L'annunciazione dell'angelo Gabriele a Maria santissima

Entrando da lei, disse: «Rallégrati, piena di grazia: il Signore è con te». A queste parole ella fu molto turbata e si domandava che senso avesse un saluto come questo. L'angelo le disse: «Non temere, Maria, perché hai trovato grazia presso Dio. Ed ecco, concepirai un figlio, lo darai alla luce e lo chiamerai Gesù» (Lc 1,28-31).

Meditazione tratta dal Diario:

"L'amore più grande e l'abisso della Misericordia li riconosco nell'Incarnazione del Verbo. Oggi ho sentito la vicinanza della Madre Celeste. Prima di ogni Santa Comunione prego fervorosamente la Madonna, perché mi aiuti a preparare la mia anima a ricevere il Figlio suo e sento chiaramente la sua protezione su di me. La prego molto, affinché si degni di accendere in me quel fuoco di amor divino, che ardeva nel suo Cuore verginale al momento della Incarnazione del Verbo di Dio".

2. La visita di Maria santissima a santa Elisabetta

Appena Elisabetta ebbe udito il saluto di Maria, il bambino sussultò nel suo grembo. Elisabetta fu colmata di Spirito Santo (Lc 1,41).

Meditazione tratta dal Diario:

Gesù: ***"Figlia mia, durante questa meditazione rifletti sull'amore del prossimo.***
È il mio amore che ti guida nell'amore del prossimo? Preghi per i nemici? Desideri il bene per coloro che in qualsiasi maniera ti hanno rattristata od offesa? Sappi che tutto ciò che fai di buono per qualsiasi anima lo accetto come se lo avessi fatto a me stesso".

3. La nascita di Gesù nella grotta di Betlemme

Mentre si trovavano in quel luogo, si compirono per lei i giorni del parto. Diede alla luce il suo figlio primogenito, lo avvolse in fasce e lo pose in una mangiatoia, perché per loro non c'era posto nell'alloggio (Lc 2,6-7).

Meditazione tratta dal Diario:

"Quando giunsi alla Messa di Mezzanotte, (...) mi immersi tutta in un profondo raccoglimento, nel quale vidi la Capanna di Betlemme inondata da tanta luce. La Vergine Santissima avvolgeva nei pannolini Gesù, tutta assorta in un grande amore. San Giuseppe, invece, dormiva ancora. Solo quando la Madonna depose Gesù nella mangiatoia, la luce divina svegliò Giuseppe che si unì nella preghiera.

Dopo un po' rimasi io sola col piccolo Gesù, che allungava le sue manine verso di me ed io compresi che lo dovevo prendere in braccio. Gesù appoggiò la sua testina sul mio cuore e con uno sguardo profondo mi fece comprendere che stava bene accanto al mio cuore".

4. Gesù viene presentato al Tempio da Maria e Giuseppe

Quando furono compiuti i giorni della loro purificazione rituale, secondo la legge di Mosè, portarono il bambino a Gerusalemme per presentarlo al Signore – come è scritto nella legge del Signore: Ogni maschio primogenito sarà sacro al Signore (Lc 2,22-23).

Meditazione tratta dal Diario:

"O Maria, oggi (a causa delle parole profetiche di Simeone) una terribile spada ha trafitto la tua santa anima. Nessuno eccetto Iddio ha conosciuto la tua sofferenza. La tua anima non si è spezzata, ma è stata forte, poiché era con Gesù. O madre dolce, unisci la mia anima a Gesù, poiché solo allora potrò superare tutte le prove e le esperienze e solo in unione con Gesù i miei piccoli sacrifici saranno graditi a Dio. Madre dolcissima, ammaestrami sulla vita interiore. La spada della sofferenza non mi spezzi mai.

O Vergine pura, infondi la fortezza nel mio cuore e custodiscilo".

5. Il ritrovamento di Gesù fra i dottori del Tempio

Ed egli rispose loro: «Perché mi cercavate? Non sapevate che io devo occuparmi delle cose del Padre mio?». Ma essi non compresero ciò che aveva detto loro. Scese dunque con loro e venne a Nàzaret e stava loro sottomesso. Sua madre custodiva tutte queste cose nel suo cuore (Lc 2,49-51).

Meditazione tratta dal Diario:

"Non cerco la felicità all'infuori dell'intimo, dove dimora Iddio. Gioisco di Dio nel mio intimo; qui dimoro continuamente con lui; qui avviene il mio rapporto più familiare con lui; qui con lui dimoro sicura; qui non giunge occhio umano. La Santissima Vergine mi incoraggia a trattare così con Dio".

Alla fine:

O Maria, Madre e Signora mia, affido a te la mia anima ed il mio corpo, la mia vita e la mia morte e ciò che verrà dopo. Metto tutto nelle tue mani.

O Madre mia, copri col tuo manto verginale la mia anima e concedimi la grazia della purezza del cuore, dell'anima e del corpo e difendimi con la tua potenza da tutti i nemici.

Misteri della luce

Giovedì

1. Il Battesimo di Gesù nelle acque del Giordano

Ed ecco, in quei giorni, Gesù venne da Nàzaret di Galilea e fu battezzato nel Giordano da Giovanni. E subito, uscendo dall'acqua, vide squarciarsi i cieli e lo Spirito discendere verso di lui come una colomba. E venne una voce dal cielo: «Tu sei il Figlio mio, l'amato: in te ho posto il mio compiacimento» (Mc 1,9-11).

Meditazione tratta dal Diario:

"Bambina mia, la vita su questa terra è una lotta e una grande lotta per il mio regno, ma non temere, non sei sola. Io ti sostengo sempre, quindi appoggiati al mio braccio e combatti senza avere paura di nulla. Prendi il recipiente della fiducia e attingi alla sorgente della vita, non solo per te, ma pensa anche alle altre anime, specialmente a quelle che non hanno fiducia nella mia bontà".

"Ti ringrazio, o Dio, per il dono della chiamata al tuo servizio esclusivo, in cui mi dai la possibilità di amare unicamente te. È un grande onore per la mia anima".

2. Gesù manifesta la sua gloria alle nozze di Cana rispondendo alla preghiera di Maria

Il terzo giorno vi fu una festa di nozze a Cana di Galilea e c'era la madre di Gesù. La madre di Gesù gli disse: «Non hanno vino». La madre disse ai servitori: «Qualsiasi cosa vi dica, fatela». E Gesù disse loro: «Riempite d'acqua le anfore»; e le riempirono fino all'orlo. Disse loro di nuovo: «Ora prendetene e portatene a colui che dirige il banchetto». Come ebbe assaggiato l'acqua diventata vino, colui che dirigeva il banchetto chiamò lo sposo e gli disse: «Tutti mettono in tavola il vino buono all'inizio e, quando si è già bevuto molto, quello meno buono» (Gv 2,1.3.5.7.9-10a).

Meditazione tratta dal Diario:

"Figlia mia, per raccomandazione di Dio devo esserti Madre in modo speciale, ma desidero che anche tu mi sia figlia in modo particolare. Desidero, figlia mia carissima, che ti eserciti in tre virtù, che per me sono le più care e le più gradite a Dio. La prima è l'umiltà, l'umiltà e ancora l'umiltà. La seconda è la purezza. La terza è l'amore per Dio".

"Maria è la mia Maestra, che mi insegna sempre come vivere per Dio. O Maria, il mio spirito si illumina nella tua mitezza e umiltà".

3. Gesù annuncia che il Regno di Dio si è fatto vicino e invita alla conversione del cuore

Dopo che Giovanni fu arrestato, Gesù andò nella Galilea, proclamando il vangelo di Dio, e diceva: «Il tempo è compiuto e il regno di Dio è vicino; convertitevi e credete nel Vangelo» (Mc 1,14-15).

Meditazione tratta dal Diario:

"Perché ogni anima esalti la mia bontà, desidero fiducia dalle mie creature. Esorta le anime ad un grande fiducia nella mia insondabile Misericordia.

L'anima debole, peccatrice, non abbia timore di accostarsi a me e anche se avesse più peccati dei granelli di sabbia che sono sulla terra, tutto sprofonderà nell'abisso della mia Misericordia.

Desidero che tu faccia l'offerta di te stessa per i peccatori e specialmente per quelle anime che hanno perso la speranza nella divina Misericordia".

4. Gesù, sul monte Tabor, si manifesta agli Apostoli nello splendore della divinità

Gesù prese con sé Pietro, Giacomo e Giovanni e li condusse su un alto monte, in disparte, loro soli. Fu trasfigurato davanti a loro. «Rabbì, è bello per noi essere qui». Dalla nube uscì una voce: «Questi è il Figlio mio, l'amato: ascoltatelo!» (Mc 9,2.5b.7b).

Meditazione tratta dal Diario:

"O Signore, immergi la mia anima nell'oceano della tua Divinità e fammi la grazia di conoscerti, poiché più io ti conosco, più ardentemente ti desidero e il mio amore per te si rafforza.

Sento nella mia anima una voragine insondabile, che soltanto Dio può colmare. Mi sciolgo in lui come una goccia nell'oceano.

Il Signore si è abbassato sulla mia miseria, come un raggio di sole su di una terra arida e sassosa. Ma sotto l'influsso dei suoi raggi la mia anima si è ricoperta di verde, di fiori e di frutti, ed è diventata un bel giardino per il suo riposo".

5. Gesù dona l'Eucaristia alla Chiesa come testamento d'amore

E, mentre mangiavano, prese il pane e recitò la benedizione, lo spezzò e lo diede loro, dicendo: «Prendete, questo è il mio corpo». Poi prese un calice e rese grazie, lo diede loro e ne bevvero tutti. E disse loro: «Questo è il mio sangue dell'alleanza, che è versato per molti» (Mc 14,22-24).

Meditazione tratta dal Diario:

"Gesù mi permise di entrare nel Cenacolo. Mi colpì profondamente il momento in cui Gesù prima della consacrazione alzò gli occhi al cielo ed entrò in un misterioso colloquio con il Padre suo. I suoi occhi erano come due fiamme, il volto raggiante, bianco come la neve, tutto l'aspetto maestoso, la sua anima piena di nostalgia. Nel momento della consacrazione, l'amore appagato riposò, il sacrificio era stato compiuto completamente. Ora avverrà soltanto la celebrazione esteriore della morte, la distruzione esteriore, ma l'essenza avviene nel Cenacolo".

Alla fine:

O Maria, Madre mia, ti prego umilmente, copri la mia anima con il tuo manto verginale, in modo che io sia più gradito al Figlio tuo e possa degnamente esaltare la sua Misericordia davanti al mondo intero e per tutta l'eternità. **Amen**.

Misteri del dolore

Martedì e Venerdì

1. L'agonia di Gesù nel Getsemani

Entrato nella lotta, pregava più intensamente, e il suo sudore diventò come gocce di sangue che cadono a terra (Lc 22,44).

Meditazione tratta dal Diario:

"La sera, quando entrai nella piccola cappellina udii nell'anima queste parole: '*Figlia mia, medita su queste parole: Ed in preda all'angoscia pregava più a lungo'*. Quando cominciai a riflettere più a lungo, molta luce penetrò nella mia anima.

Compresi di quanta perseveranza nella preghiera abbiamo bisogno e che da tale faticosa preghiera dipende talvolta la nostra salvezza".

2. La flagellazione di Gesù alla colonna

Pilato fece prendere Gesù e lo fece flagellare (Gv 19,1).

Meditazione tratta dal Diario:

"Vidi Gesù mentre veniva flagellato. Che supplizio inimmaginabile! Come soffrì tremendamente Gesù per la flagellazione! O poveri peccatori, come vi incontrerete nel giorno del giudizio con quel Gesù, che ora torturate a quel modo?

Il suo Sangue colava per terra e in alcuni punti cominciava a staccarsi la carne. Sulla schiena ho visto alcune sue ossa scarnificate. Gesù (…) emetteva flebili lamenti e sospiri".

3. Gesù è coronato e condannato a morte

Intrecciarono una corona di spine, gliela posero sul capo e gli misero una canna nella mano destra. Poi, inginocchiandosi davanti a lui, lo deridevano: «Salve, re dei Giudei!». Sputandogli addosso, gli tolsero di mano la canna e lo percuotevano sul capo (Mt 27,29-30).

Meditazione tratta dal Diario:

"Dopo la flagellazione i carnefici presero il Signore e gli tolsero la veste che si era già attaccata alle Piaghe. Mentre gliela toglievano le sue Piaghe si riaprirono. Poi buttarono addosso al Signore un mantello rosso, sporco e stracciato, sulle Piaghe aperte. Quel mantello arrivava alle ginocchia solo in alcuni punti. Poi ordinarono al Signore di sedersi su un pezzo di trave, mentre veniva intrecciata una corona di spine, con la quale cinsero la sacra Testa. Gli venne messa una canna in mano e ridevano di lui, facendogli inchini come ad un re. Gli sputavano in faccia ed altri prendevano la canna e gliela battevano in testa ed altri gli procuravano dolore dandogli pugni, altri gli coprivano il volto e lo schiaffeggiavano. Gesù sopportò in silenzio (…). Facevano a gara per schernire il Signore. Riflettei da che cosa potesse derivare tanta malignità nell'uomo. E purtroppo questa deriva dal peccato. Si erano incontrati l'amore ed il peccato".

4. La salita di Gesù al Calvario sotto il pesante legno della croce

Allora lo consegnò loro perché fosse crocifisso. Essi presero Gesù ed egli, portando la croce, si avviò verso il luogo detto del Cranio, in ebraico Gòlgota (Gv 19,16-17).

Meditazione tratta dal Diario:

"Il mondo non conosce ancora tutto quello che Gesù ha sofferto.

Gli ho fatto compagnia nell'Orto degli Ulivi e nel buio della prigione sotterranea, negli interrogatori dei tribunali; sono stata con lui in ogni tappa della sua Passione. Non è sfuggito alla mia attenzione un solo momento, né un suo sguardo.

Ho conosciuto tutta l'onnipotenza del suo amore e della sua Misericordia verso le anime".

5. La Crocifissione e morte di Gesù dopo tre ore di agonia

Egli, portando la croce, si avviò verso il luogo detto del Cranio, dove lo crocifissero. Dopo aver preso l'aceto, Gesù disse: «È compiuto!». E, chinato il capo, consegnò lo spirito (Gv 19,17-18a.30).

Meditazione tratta dal Diario:

"Alle tre vidi Gesù crocifisso che mi guardava e disse: *'Ho sete'*. Ad un tratto vidi che dal suo costato uscirono gli stessi due raggi che sono nell'immagine. Nello stesso momento sentii nell'anima un desiderio di salvare le anime e di annientarmi per i poveri peccatori...

Gesù ormai ha concluso la sua vita mortale, ho udito le sue sette parole, poi ha guardato verso di me ed ha detto: '*Diletta figlia del mio Cuore, tu sei un refrigerio per me fra questi orribili tormenti*'".

Alla fine:

O Madre di Dio, la tua anima è stata immersa in un mare di amarezze: guarda alla tua bambina ed insegnale a soffrire e ad amare nella sofferenza. Fortifica la mia anima, in modo che il dolore non la spezzi. O Madre della grazia, insegnami a vivere con Dio.

Misteri della gloria

Mercoledì e Domenica

1. La Resurrezione di Gesù dai morti

L'angelo disse alle donne: «Voi non abbiate paura! So che cercate Gesù, il crocifisso. Non è qui. È risorto, infatti, come aveva detto» (Mt 28,5-6a).

Meditazione tratta dal Diario:

"Oggi durante la funzione Pasquale, ho visto il Signore Gesù in un grande splendore; si è avvicinato a me e mi ha detto: *'Pace a voi, figlioli miei!'*, ed ha alzato la mano ed ha benedetto. Le Piaghe delle mani, dei Piedi e del costato non erano cancellate ma risplendenti. Poi mi guardò con tanta amabilità ed amore che la mia anima si immerse totalmente in lui e mi disse: '*Hai preso tanta parte alla mia Passione, per questo avrai tanta parte alla mia gloria ed alla mia gioia'*".

2. L'ascensione di Gesù al Cielo

Il Signore Gesù, dopo aver parlato con loro, fu elevato in cielo e sedette alla destra di Dio (Mc 16,19).

Meditazione tratta dal Diario:

"Oggi ho fatto compagnia a Gesù mentre ascendeva in cielo. (...) Mi vidi in mezzo ad una grande schiera di discepoli e di Apostoli. C'era anche la Madonna. Gesù stava dicendo che andassero in tutto il mondo *'insegnando nel mio nome'*.

Poi stese le braccia, li benedisse e scomparve in una nuvola. Vidi la nostalgia della Santissima Vergine. La sua anima provò nostalgia di Gesù con tutta la forza del suo amore, ma era talmente serena ed abbandonata in Dio, che nel suo Cuore non c'era nemmeno un palpito che non fosse concorde con la volontà di Dio".

3. La discesa dello Spirito Santo su Maria Santissima e gli Apostoli

Apparvero loro lingue come di fuoco, che si dividevano, e si posarono su ciascuno di loro, e tutti furono colmati di Spirito Santo (At 2,3-4a).

Meditazione tratta dal Diario:

"Trascorro dei momenti con la Santissima Vergine. Attendo con ardente nostalgia la venuta del Signore. I miei desideri sono grandi. Desidero che tutti i popoli conoscano il Signore; desidero preparare tutte le nazioni a ricevere il Verbo Incarnato. O Gesù, fa' che la sorgente della tua Misericordia scaturisca con maggiore abbondanza, poiché l'umanità è molto malata".

4. L'assunzione di Maria Santissima al Cielo

Grandi cose ha fatto per me l'Onnipotente e Santo è il suo nome (Lc 1,49).

"Durante la meditazione, la presenza di Dio è penetrata vivamente in me ed ho conosciuto la gioia della Santissima Vergine al momento della sua Assunzione in cielo. (…)

Sono rimasta sola con la Madonna, la quale mi ha istruita circa la volontà di Dio, come applicarla nella vita, sottomettendomi totalmente ai suoi santissimi decreti.

Mi disse: *'La vera grandezza dell'anima consiste nell'amare Dio e nell'umiliarsi alla sua presenza, nel dimenticare se stessi e nel considerarsi un nulla, poiché il Signore è grande, ma si compiace soltanto degli umili, ai superbi resiste sempre'*".

5. L'Incoronazione di Maria Santissima regina del cielo e della terra

Un segno grandioso apparve nel cielo: una donna vestita di sole, con la luna sotto i suoi piedi e, sul capo, una corona di dodici stelle (Ap 12,1).

Meditazione tratta dal Diario:

"Fin dal mattino ho avvertito la vicinanza della Madre santissima. Durante la santa Messa l'ho vista così splendente e bella, che non ho parole per poter esprimere almeno in piccola parte la sua bellezza. Era tutta bianca, cinta da una sciarpa azzurra; anche il manto azzurro, la corona sul capo e da tutta la sua persona si irradiava uno splendore inconcepibile".

«Sono la Regina del cielo e della terra, ma soprattutto la vostra Madre».

Alla fine:

O Maria, Vergine Immacolata, prendimi sotto la tua specialissima protezione e custodisci la purezza della mia anima, del mio cuore e del mio corpo.

Tu sei il modello e la stella della mia vita.

Alla fine del Santo Rosario:

Salve, Regina, Madre di Misericordia,
vita, dolcezza e speranza nostra, salve.
A te ricorriamo, esuli figli di Eva;
a te sospiriamo, gementi e piangenti
in questa valle di lacrime.
Orsù, dunque, avvocata nostra,
rivolgi a noi gli occhi tuoi misericordiosi.
E mostraci, dopo questo esilio, Gesù,
il frutto benedetto del tuo seno.
O clemente, o pia, o dolce Vergine Maria.
Amen.

JEZU UFAM TOBIE

Litanie
alla Divina Misericordia

Signore, pietà **Signore, pietà**

Cristo, pietà **Cristo, pietà**

Signore, pietà **Signore, pietà**

Cristo, ascoltaci **Cristo, ascoltaci**

Cristo, esaudiscici **Cristo, esaudiscici**

Padre del Cielo, Dio, **abbi pietà di noi**

Figlio, redentore del mondo che sei Dio, ”

Spirito Santo, Dio, ”

Santa Trinità, unico Dio, ”

Misericordia di Dio, che scaturisci dal seno del Padre **Confidiamo in te**

Misericordia di Dio, massimo attributo della Divinità ”

In foto: Giovanni Paolo II durante la messa nel Santuario della Divina Misericordia a Lagiewniki-Cracovia.

Misericordia di Dio,
mistero incomprensibile **Confidiamo in te**

Misericordia di Dio, sorgente che emani
dal mistero della Trinità ”

Misericordia di Dio,
che nessuna mente
né angelica nè umana può comprendere ”

Misericordia di Dio,
da cui proviene ogni vita e felicità ”

Misericordia di Dio, sublime più dei Cieli ”

Misericordia di Dio,
sorgente di stupende meraviglie ”

Misericordia di Dio,
che abbracci tutto l'universo ”

Misericordia di Dio,
che scendi al mondo
nella persona del Verbo Incarnato ”

Misericordia di Dio,
che scorresti dalla ferita aperta del Cuore di Gesù ”

Misericordia di Dio, racchiusa nel Cuore di Gesù
per noi e soprattutto per i peccatori ”

Misericordia di Dio,
imperscrutabile nell'istituzione dell'Eucaristia
Confidiamo in te

Misericordia di Dio,
che fondasti la santa Chiesa ”

Misericordia di Dio,
che istituisti il Sacramento del Battesimo ”

Misericordia di Dio,
che ci giustifichi attraverso Gesù Cristo ”

Misericordia di Dio,
che per tutta la vita ci accompagni ”

Misericordia di Dio,
che ci abbracci specialmente nell'ora della morte ”

Misericordia di Dio,
che ci doni la vita immortale ”

Misericordia di Dio,
che ci segui in ogni istante
della nostra esistenza ”

Misericordia di Dio,
che converti i peccatori induriti ”

Misericordia di Dio,
che ci proteggi dal fuoco dell'Inferno ”

Misericordia di Dio,
meraviglia per gli Angeli, incomprensibile ai Santi
Confidiamo in te

Misericordia di Dio,
presente in tutti i divini misteri ”

Misericordia di Dio,
che ci sollevi da ogni miseria ”

Misericordia di Dio,
sorgente d'ogni nostra gioia ”

Misericordia di Dio,
che dal nulla ci chiamasti all'esistenza ”

Misericordia di Dio,
che abbracci tutte le opere nelle tue mani ”

Misericordia di Dio,
che coroni tutto ciò che esiste ed esisterà ”

Misericordia di Dio,
in cui tutti siamo immersi ”

Misericordia di Dio,
amabile conforto dei cuori disperati ”

Misericordia di Dio,
in cui i cuori riposano e gli spauriti trovano pace
Confidiamo in te

Misericordia di Dio,
che infondi speranza contro ogni speranza ”

Agnello di Dio, che togli i peccati del mondo,
perdonaci, Signore.

Agnello di Dio, che togli i peccati del mondo,
esaudiscici, Signore.

Agnello di Dio, che togli i peccati del mondo,
abbi pietà di noi.

Preghiamo:
Dio Eterno, la cui Misericordia è infinita e in cui il tesoro della compassione è inesauribile, rivolgi a noi uno sguardo di bontà e moltiplica in noi la tua Misericordia, affinché nei momenti difficili non ci perdiamo d'animo e non smarriamo la speranza, ma, con la massima fiducia, ci sottomettiamo alla tua santa volontà, la quale è Amore e Misericordia. **Amen.**

Preghiera per ottenere grazie per intercessione di santa Faustina

O Gesù, che hai reso la santa Faustina una grande devota della tua immensa Misericordia, concedimi, per sua intercessione, e secondo la tua santissima volontà, la grazia di *(dire la grazia che si vuole ricevere)*, per la quale ti prego.

Essendo peccatore non sono degno della tua Misericordia.

Ti chiedo perciò, per lo spirito di dedizione e di sacrificio di suor Faustina e per la sua intercessione, esaudisci le preghiere che fiduciosamente ti presento.

Padre nostro • Ave Maria • Gloria al Padre

Santa Faustina,
prega per noi.

Litanie
a santa Faustina

Signore, pietà	**Signore, pietà**
Cristo, pietà	**Cristo, pietà**
Cristo, ascoltaci	**Cristo, ascoltaci**
Cristo, esaudiscici	**Cristo, esaudiscici**
Padre celeste, Dio	**Abbi pietà di noi**
Figlio redentore del mondo, Dio	”
Spirito Santo, Dio	”
Santa Trinità, unico Dio	”
Santa Maria	**Prega per noi**
Santa Faustina, testimone viva della Misericordia del Padre celeste	”
Santa Faustina, serva umile di Gesù Misericordia Incarnata	”
Santa Faustina, strumento obbediente dello Spirito Consolatore	”
Santa Faustina, figlia fiduciosa della Madre della Misericordia	”
Santa Faustina, confidente del messaggio sulla Misericordia	”

Santa Faustina, segretaria fedele
delle parole di Gesù misericordioso **Prega per noi**

Santa Faustina, grande apostola
della Misericordia divina ”

Santa Faustina, dispensatrice di Dio
ricco di Misericordia ”

Santa Faustina, dono per tutto il mondo ”

Santa Faustina, scrutatrice della bontà
di Dio in ogni creatura ”

Santa Faustina, adoratrice di Dio
nel mistero dell'Incarnazione ”

Santa Faustina, partecipante alla passione
e alla risurrezione del Signore ”

Santa Faustina, guida sulla strada
della croce di Gesù ”

Santa Faustina, incontrante Gesù
nei sacramenti ”

Santa Faustina, unita allo Sposo divino
nella propria anima ”

Santa Faustina, illuminata dalla Misericordia
di Dio nella vita di Maria ”

Santa Faustina, amante della Chiesa
Corpo Mistico di Cristo **Prega per noi**

Santa Faustina, forte nella fede vera ”

Santa Faustina,
costante nella speranza irremovibile ”

Santa Faustina, ardente di amore ”

Santa Faustina, bella dell'umiltà vera ”

Santa Faustina, semplice nella fiducia filiale ”

Santa Faustina, esempio dell'adempimento
della volontà di Dio ”

Santa Faustina,
esempio del servizio sacrificale ”

Santa Faustina, protettrice affettuosa
delle anime dei sacerdoti e dei religiosi ”

Santa Faustina, difenditrice dei bambini
e dei giovani dal male ”

Santa Faustina,
speranza degli smarriti e dei disperati ”

Santa Faustina,
rinforzo dei malati e dei soffernti ”

Santa Faustina, sacrificante per i peccatori
Prega per noi

Santa Faustina, animatrice di fiducia
nei cuori degli agonizzanti "

Santa Faustina, preoccupata per la salvezza
di tutti gli uomini "

Santa Faustina, protettrice dei sofferenti
nel purgatorio "

Santa Faustina, implorante
la Misericordia divina per tutto il mondo "

Agnello di Dio, che togli i peccati del mondo.
Perdonaci, o Signore.

Agnello di Dio, che togli i peccati del mondo.
Esaudiscici, o Signore.

Agnello di Dio, che togli i peccati del mondo.
Abbi pietà di noi.

Preghiamo:
Dio misericordioso, accogli i nostri ringraziamenti per il dono della vita e della missione di santa Faustina e aiutaci con la sua intercessione a crescere nell'atteggiamento di fiducia verso di te e di Misericordia verso il prossimo. Per Cristo nostro Signore. **Amen.**

Pensieri di santa Faustina tratti dal “Diario”

L’inferno esiste?

Oggi, sotto la guida di un angelo, sono stata negli abissi dell’inferno. È un luogo di grandi tormenti per tutta la sua dimensione spaventosamente grande. Queste le varie pene che ho viste: la prima pena, quella che costituisce l’inferno, è la perdita di Dio; la seconda, i continui rimorsi di coscienza; la terza, la consapevolezza che quella sorte non cambierà mai; la quarta pena è il fuoco che penetra l’anima, ma non l’annienta; è una pena terribile: è un fuoco puramente spirituale acceso dall’ira di Dio; la quinta pena è l’oscurità continua, un orribile soffocante fetore, e benché sia buio i demoni e le anime dannate si vedono tra di loro e vedono tutto il male degli altri ed il proprio; la sesta pena è la compagnia continua di satana; la settima pena è la tremenda disperazione, l’odio di Dio, le imprecazioni, le maledizioni, le bestemmie. Queste sono pene che tutti i dannati soffrono insieme, ma questa non è la fine dei tormenti. Ogni anima con quello che ha peccato viene tormentata in maniera tremenda e indescrivibile. Ci sono delle orribili caverne, voragini di tornanti, dove ogni supplizio si differenzia dall’altro. [...] Il peccatore sappia che col senso col quale pecca verrà torturato per tutta l'eternità. Scrivo questo per ordine di Dio affinché nessun'anima si giustifichi dicendo che l'inferno non c'è, oppure che nessuno c'è mai stato e nessuno sa come sia. [...] Una cosa ho notato e cioè che la maggior parte delle anime che ci sono, sono anime che non credevano che ci fosse l'inferno. Quando ritornai in me, non riuscivo a riprendermi per lo spavento, al pensiero che delle anime là soffrono così tremendamente, per questo prego con maggior fervore per le anime dei peccatori, ed invoco incessantemente la Misericordia di Dio per loro.

Il purgatorio esiste?

Gesù mi rispose che la notte seguente m'avrebbe fatto conoscere per chi dovevo pregare.

Vidi l'Angelo Custode, che mi ordinò di seguirlo. In un momento mi trovai in un luogo nebbioso, invaso dal fuoco e, in esso, una folla enorme di anime sofferenti. Queste anime pregano con grande fervore, ma senza efficacia per se stesse: soltanto noi le possiamo aiutare. Le fiamme che bruciavano loro, non mi toccavano. Il mio Angelo Custode non mi abbandonò un solo istante. E chiesi a quelle anime quale fosse il loro maggior tormento. Ed unanimemente mi risposero che il loro maggior tormento è l'ardente desiderio di Dio. Scorsi la Madonna che visitava le anime del purgatorio. Le anime chiamano Maria “Stella del Mare”.

Ella reca loro refrigerio. Avrei voluto parlare più a lungo con loro, ma il mio Angelo Custode mi fece cenno d’uscire. Ed uscimmo dalla porta di quella prigione di dolore. Udii nel mio intimo una voce che disse: “La mia Misericordia non vuole questo, ma lo esige la giustizia”.

Il paradiso esiste?

Oggi in ispirito sono stata in paradiso e ho visto l’inconcepibile bellezza e felicità che ci attende dopo la morte. Ho visto come tutte le creature rendono incessantemente onore e gloria a Dio.

Ho visto quanto è grande la felicità in Dio, che si riversa su tutte le creature, rendendole felici. Poi ogni gloria ed onore che ha reso felici le creature ritorna alla sorgente ed esse entrano nella profondità di Dio, contemplano la vita interiore di Dio, Padre, Figlio e Spirito Santo, che non riusciranno mai né a capire né a sviscerare.

Questa sorgente di felicità è immutabile nella sua essenza, ma sempre nuova e scaturisce per la beatitudine di tutte le creature. Comprendo ora San Paolo che ha detto: “Occhio non vide, né orecchio udì, né mai entrò nel cuore d’uomo ciò che Dio prepara per coloro che Lo amano”. E Dio mi fece conoscere la sola ed unica cosa che ai suoi occhi ha un valore infinito e questa è l'amore di Dio, l'amore, l'amore ed ancora una volta l'amore. E nulla è paragonabile ad un solo atto di puro amor di Dio.

Oh, quali ineffabili favori concede Iddio ad un'anima che lo ama sinceramente!

Oh, felici quelle anime che già qui su questa terra godono dei suoi particolari favori! Ed esse sono le anime piccole ed umili.

Grande è la Maestà di Dio, che ho conosciuto più a fondo, che gli spiriti celesti adorano secondo il grado della loro grazia e la gerarchia in cui si dividono.

Consacrazione del mondo alla Divina Misericordia

Preghiera recitata dal papa Giovanni Paolo II

Dio, Padre misericordioso,
che hai rivelato il tuo amore
nel Figlio tuo Gesù Cristo,
e l'hai riversato su di noi
nello Spirito Santo, Consolatore,
ti affidiamo oggi i destini del mondo
e di ogni uomo.
Chinati su di noi peccatori,
risana la nostra debolezza,
sconfiggi ogni male,
fa' che tutti gli abitanti della terra
sperimentino la tua Misericordia,
affinché in te, Dio Uno e Trino,
trovino sempre la fonte della speranza.
Eterno Padre,
per la dolorosa Passione
e la Risurrezione del tuo Figlio,
abbi Misericordia di noi
e del mondo intero. **Amen.**

TOTUS TUUS

"LA PREGHIERA COME SCUOLA DELLA SPERANZA:
Un primo essenziale luogo di apprendimento della speranza è la preghiera. Se non mi ascolta più nessuno, Dio mi ascolta ancora. Se non posso più parlare con nessuno, più nessuno invocare, a Dio posso sempre parlare. Se non c'è più nessuno che possa aiutarmi – dove si tratta di una necessità o di un'attesa che supera l'umana capacità di sperare – Egli può aiutarmi. Durante tredici anni di carcere, in una situazione di disperazione apparentemente totale, per l'indimenticabile Cardinale Nguyen Van Thuan, l'ascolto di Dio, il poter parlargli, divenne per lui una crescente forza di speranza, che dopo il suo rilascio gli consentì di diventare per gli uomini in tutto il mondo un testimone della speranza – di quella grande speranza che anche nelle notti della solitudine non tramonta".

Benedetto XVI, *Spe Salvi*

Con questo bellissimo passaggio della sua ultima enciclica *Spe Salvi* il Papa vuole dare un esempio contemporaneo di vita cristiana improntata alla speranza mai vissuta in solitudine, proponendo la persona del Cardinale Van Thuan. "Chi non conosce Dio, pur avendo molteplici speranze, in realtà è senza Speranza". Dare Speranza nella/con la fede questo è l'intento dell'Editrice Shalom che, sull'esempio della santa Chiesa, quotidianamente si spende per l'evangelizzazione, così primaria e più che mai urgente, per urlare al mondo la gioia cristiana di un Dio che si è fatto uno di noi. Il messaggio salvifico di Cristo, infatti, anche oggi viene contrastato e i cristiani, non meno di ieri, sono chiamati a rendere ragione della loro speranza e ad offrire al mondo la testimonianza della Verità dell'Unico che salva e redime.

Le pagine che seguono propongono testi ortodossi (cioè scritti in assoluta obbedienza alle leggi della Chiesa Cattolica) editi dall'Editrice SHALOM, casa editrice cattolica e mariana, che si prefigge questi tre ideali: l'amore per l'Eucaristia, la devozione alla Madonna e la fedeltà al Santo Padre. Per rendere attuabile questo progetto, l'Editrice SHALOM, pur essendo una società commerciale, ha rinunciato ad ogni fine di lucro e non riconosce alcun tipo di diritto d'autore (né patrimoniale, né morale) su testi, traduzioni, foto, disegni ed illustrazioni di ogni tipo.

Questa iniziativa viene sviluppata allo scopo di contribuire al trionfo del Cuore Immacolato di Maria, nella certezza di poter servire il Regno di Dio, partecipando alla fede e all'obbedienza di Maria, serva e madre del Signore, affidandosi totalmente alla sua protezione insieme a quella di san Giuseppe e dei santi Michele, Gabriele e Raffaele arcangeli. Ristampa Settembre 2009, Canale.

Gesù confido in Te

PERIODICO BIMESTRALE

Direttore Responsabile:
Don Giuseppe Cionchi

Formato cm. 19,5x26,5
Pagine 64   Prezzo € 1,70

Bimestre Gennaio-Febbraio
Bimestre Marzo-Aprile
Bimestre Maggio-Giugno
Bimestre Luglio-Agosto
Bimestre Settembre-Ottobre
Bimestre Novembre-Dicembre

Abbonamento annuale € 10,00

COME ABBONARSI ALLA RIVISTA

Per conoscere e far conoscere, amare e far amare, onorare, celebrare e diffondere la Divina Misericordia e il suo culto, per sapere e approfondire, i temi che animano la Chiesa e il suo far opinione nel mondo contemporaneo, per guardare con occhi nuovi la propria vita costantemente impreziosita dall'amore di Dio... per questo e molto altro ancora... leggi la rivista **Gesù confido in Te.**

- Versa €10,00 per ogni abbonamento (6 numeri all'anno) tramite bollettino postale

intestato a:
Editrice Shalom s.r.l. - Via Galvani, 1 - 60020 Camerata Picena (AN)
n° CCP 80498835

- Oppure tramite bonifico bancario intestato a:

Editrice Shalom srl
Banca delle Marche S.p.a. - Via Fermi/B - 60020
Filiale di Camerata Picena (AN)
IBAN IT 47 S 06055 37640 000000000768

Specificando la causale: **Abbonamento a Gesù confido in Te**
Per ogni chiarimento telefonaci al numero: **071 74 50 440**
o contattaci all'indirizzo e-mail: **abbonamenti@editriceshalom.it**

SULLA TUA PAROLA MESSALINO

LETTURE DELLA MESSA COMMENTATE PER VIVERE LA PAROLA DI DIO

F.to: cm. 10 x 13,6
Pagine: 576
Prezzo: € 4,00

CODICE D'ORDINE VARI

DIRETTORE RESPONS.

Don Giuseppe Cionchi

COMMENTI

Fr. Roberto Fusco

MODI DI VIVERE

Sr. Anne Marie Wauthier

CONTENUTI

Ogni libretto ti accompagna per due mesi e contiene:

- Le letture della Messa
- Meditazioni per ogni lettura
- Spunti di riflessione
- Propositi semplici per mettere in pratica la Parola di Dio
- Vite dei santi più conosciuti e amati
- Perle di vita cristiana

Nella Messa Gesù parla al nostro cuore, quante volte, però, non siamo in sintonia con lui, per stanchezza, per distrazione o per semplice incomprensione dei testi...
Spesso avremmo bisogno di una spiegazione o di un commento semplice che ci permetta di capire le letture per poi metterle in pratica.
Il messalino ci viene incontro: ogni lettura è approfondita da un commento/meditazione che può essere utilizzato per prepararsi alla celebrazione e per farla fruttificare nel corso della giornata. Praticamente edificante perché suggerisce «modi di vivere» per fare della Parola del giorno, vita; ci fa conoscere l'esempio dei santi perché riporta le vite dei più amati.

Ogni libricino è arricchito con:

- Consigli pratici per accostarsi a leggere la Parola di Dio, ossia per prepararsi bene all'incontro con Dio affinché le sue parole rimangano in noi.
- Consigli pratici per vivere la Parola di Dio.

"PREGATE, PREGATE, PREGATE"

Formato: cm. 12 x 19
Pagine: 480
Prezzo: € 7,00
CODICE D'ORDINE 8100

ISBN 978-88-86616-00-7

AUTORE
Suor Maria Gabriella Turrin dell'Annunciazione

CONTENUTI

- Preghiere, coroncine, consacrazioni, suppliche e novene con le quali onorare, chiedere, lodare e ringraziare:
- Padre • Figlio
- Spirito Santo
- Beata Vergine Maria
- Santa Famiglia
- Angeli • Santi

Oltre a:
- Le verità della fede
- Le preghiere tradizionali del cristiano
- Via Crucis e Rosario
- L'importanza del Rosario

...e altro ancora...

Chi è alle prime armi e non conosce le verità della fede e le preghiere tradizionali, chi è un po' "arrugginito" per gli anni lontani dal Signore, chi vuole pregare usando devozioni e formule care alla tradizione o chi vuole provare nuove forme e tipi di preghiera... in una parola il "Pregate, pregate, pregate" è un libro per tutti!
Ogni parola o slogan è impreciso e riduttivo per spiegare questa, che non è una semplice antologia di preghiere o un manualetto più o meno completo di preghiera, ma uno strumento agile, efficace e utilizzabile da 0 a 110 anni...
È il "passa-parola" di migliaia e migliaia di persone che lo hanno apprezzato, sgualcito, usato e consumato nella preghiera e che non potendone fare a meno lo hanno ricomprato quando cadeva a pezzi e non potendo tacere le meraviglie che la preghiera operava in loro lo hanno regalato ai propri cari, conoscenti o diffuso come opera di apostolato.

Codice 8101 Ediz. pregiata con copertina cartonata (ISBN 978-88-86616-01-5) **€ 9,00**

IL ROSARIO PER SCOPRIRE IL VOLTO DI DIO AMORE

Formato: cm. 10 x 14
Pagine: 192
Prezzo: € 2,50
CODICE D'ORDINE 8103

ISBN 978-88-86616-52-2

AUTORE

Fr. Stefano Vita

CONTENUTI

- Presentazione di Mons. Comastri
- Testimoni dell'amore parlano del Rosario
- Preghiere di introduzione al Santo Rsario
- Come pregare il Santo Rosario
- Misteri della Gioia
- Misteri della Luce
- Misteri del Dolore
- Misteri della Gloria
- Litanie Lauretane
- Preghiere di consacrazione
- Preghiere del mattino
- Preghiere durante il giorno
- Preghiere della sera
- Preghiera di liberazione

Quando nel 1945 fu sganciata la bomba atomica su Hiroshima, una piccola comunità di 8 padri gesuiti, situata in una canonica distante solo 8 blocchi di case dallo scoppio della bomba, rimase illesa insieme alla casa, mentre non scampò alcuna persona nel raggio di un chilometro e mezzo dal centro dell'esplosione. Una commissione di 200 scienziati ed esperti indagò per diversi anni sulle cause scientifiche per cui la canonica e i padri gesuiti non erano stati colpiti in mezzo alla distruzione di ogni vita... Non arrivarono a nulla, poiché in quella casa c'era solo una cosa diversa dalle altre: si recitava ogni giorno il rosario in comune!

VANGELO E ATTI DEGLI APOSTOLI

NUOVO TESTO CEI

Formato: cm. 10 x 13,5
Pagine: 624
Prezzo: €1,80
CODICE D'ORDINE 8364

ISBN 978-88-8404-217-0

CURATORE

Dom Mariano Grosso osb

CONTENUTI

- Introduzione generale ai Vangeli
- Il Vangelo ed i Vangeli
- Il processo di formazione dei Vangeli
- I simboli degli evangelisti

Vangelo di Matteo
Vangelo di Marco
Vangelo di Luca
Vangelo di Giovanni
Atti degli Apostoli

- Indice analitico
- Carte e piantine

Questa nuova edizione di "Vangelo e Atti degli Apostoli " esce in occasione della pubblicazione della nuova traduzione della Bibbia a cura della Conferenza Episcopale Italiana, il cui obiettivo è stato quello di offrire un testo più sicuro nei confronti degli originali; più coerente nelle dinamiche interne; più comunicativo nei confronti della cultura contemporanea; più adatto alla proclamazione nel contesto liturgico e sostituisce in tutto e per tutto la traduzione precedente.

Punti forti: Tascabile, pratico, aggiornatissimo, economico, bello, arricchito da una introduzione ai singoli Vangeli, dalle cartine originali dei luoghi del Nuovo Testamento, da un vasto e completo indice analitico che ne agevola la consultazione.

Destinatari: Adatto a tutti: giovani e meno giovani, educatori, genitori e nonni, catechisti, animatori, insegnanti di religione, gruppi biblici... Perfetto per Comunioni, Cresime, regali.

PARLAMI DI GESÙ IL VANGELO PER TUTTI

NOVITÁ

Formato: cm. 13 x 19
Pagine: 544
Prezzo: €10,00
CODICE D'ORDINE 8445

ISBN 978-88-8404-208-8

AUTORE

Don Giuseppe Cionchi, giornalista e docente di catechetica e didattica all'Università di Urbino; è autore di numerose opere per la catechesi e per la scuola.

CONTENUTI

- Gesù: la vita-storia nei Vangeli
- L'ambiente
- La vita privata e pubblica
- Il mistero pasquale
- Gesù: l'avventura umana, la rivoluzione sociale, il volto umano e divino, i miracoli, le parabole.

...e altro ancora...

Dalla prefazione:
Don Giuseppe Cionchi, con stile semplice ma anche con rigorosa precisione, narra la vita di Gesù, affinché i credenti nutrano la loro fede per raccontarla con entusiasmo agli altri. Questo libro, prima di tutto, può essere un "amico" di famiglia: uno strumento facile per dare notizie esatte sulla fede, affinché all'interno della casa cristiana sia possibile la prima trasmissione di fede. Auguro a tutti i lettori di ritrovare, attraverso queste limpide pagine, lo stupore della fede: aver incontrato Gesù è la più grande fortuna della vita, è la vera ricchezza dell'esistenza, è il segreto della gioia che tutti cerchiamo.
Buona lettura!

Angelo Card. Comastri
Arciprete della Basilica Papale di san Pietro
Vicario Generale di Sua Santità
per la Città del Vaticano

Letto e commentato su

RADIO MARIA

la quarta domenica di ogni mese ore 18.00

ISBN 978-88-86616-31-7

TESTI

Tratti dal Diario di Santa Faustina Kowalska

CONTENUTI

- L'immagine di Gesù
- Novena e Coroncina alla Divina Misericordia
- La festa della Misericordia
- Via Crucis
- Preghiere varie, Santo Rosario e Litanie

GESÙ CONFIDO IN TE

IL CULTO DELLA DIVINA MISERICORDIA
LE PREGHIERE DI SUOR FAUSTINA

Formato: cm. 12 x 19
Pagine: 416
Prezzo: € 5,00
CODICE D'ORDINE 8130

"Carissimi Fratelli e Sorelle, vi esorto a confidare sempre nell'amore misericordioso di Dio, che si è rivelato a noi in Cristo Gesù, morto e risorto per la nostra salvezza. La personale esperienza di questo amore impegni ciascuno a farsi, a sua volta, testimone di carità operosa verso i fratelli. Fate vostra la bella giaculatoria di Suor Faustina: "Gesù, confido in Te!".

Giovanni Paolo II

Oltre a presentare il contenuto e le forme del messaggio e del culto della Divina Misericordia, il libro ha la particolarità, forse unica, di offrire le preghiere di Santa Faustina permettendo a ciascuno di rivolgersi al Signore con lo stesso calore, intimità e amore con cui lei stessa, cuore innamorato di Gesù, ha dialogato con lui.

Finalmente un libro completo su natura, origine e forma del culto alla Divina Misericordia.

SANTA FAUSTINA E LA DIVINA MISERICORDIA

Formato: cm. 13 x 19
Pagine: 320
Prezzo: € 7,00
CODICE D'ORDINE 8423

ISBN 978-88-8404-185-2

AUTORE
Don Andrzej Witko

CONTENUTI
- Santa Faustina confidente della Divina Misericordia
- Fondamenti del culto alla Divina Misericordia
- Le forme del culto alla Divina Misericordia

Dalla prefazione:
Un eccezionale aiuto nella conoscenza della vita dell'apostola della Divina Misericordia e del messaggio da lei trasmessoci, è l'opera Santa Faustina e la Divina Misericordia. Questa è la prima edizione in Italia, già la sesta in Polonia, di un libro [...] considerato come una tra le migliori pubblicazioni del genere nella letteratura teologica. È per diversi motivi un lavoro eccezionale, soprattutto per il valore dell'argomento trattato e per le illustrazioni. Vi si trova anche un'imponente mole di materiale proveniente dagli archivi vaticani, polacchi, lituani e bielorussi, fino ad ora inutilizzato da altri studiosi.

Arcivescovo Mieczyslaw Mokrzycki
ex segretario personale di Papa Giovanni Paolo II
e Benedetto XVI

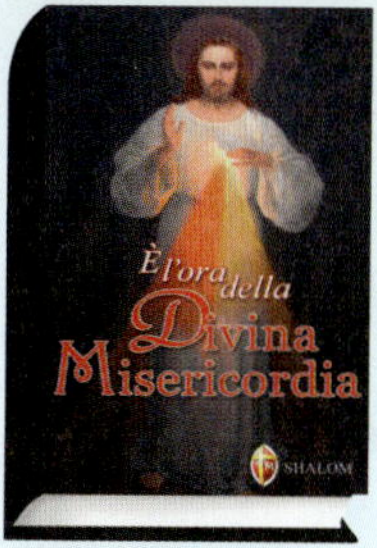

ISBN 978-88-8404-155-4

È L'ORA DELLA DIVINA MISERICORDIA

Formato: cm. 11 x 17
Pagine: 320
Prezzo: € 5,00
CODICE D'ORDINE 8375

AUTORE

Don Renato Tisot

CONTENUTI

- La storia del culto della Divina Misericordia dagli anni '30 ai nostri giorni
- Il culto della "Domenica della Divina Misericordia"
- Benedetto XVI, Giovanni Paolo II° e la Divina Misericordia
- I testi liturgici
- Decreto della Congregazione per il Culto Divino e la Disciplina dei Sacramenti

Questo volume può costituire quasi un piccolo vademecum o prontuario di dati essenziali, in vista sia della spiritualità personale sia dell'utilizzo pastorale in genere ed anzitutto per meglio comprendere il senso della "domenica della Divina Misericordia".

Dalla prefazione di Mons. Luigi Bressan, arcivescovo di Trento

Il punto forte della missione di don Renato Tisot, autore del libro, è il messaggio e il culto della Divina Misericordia nelle forme proposte da Gesù a santa Faustina Kowalska, del quale si è fatto promotore e fermo sostenitore da moltissimi anni. E' inoltre fondatore e assistente ecclesiastico dell'Associazione Alleanza Dives in Misericordia canonicamente eretta e membro dell' ICCRS (Comitato di servizio per il Rinnovamento Carismatico Cattolico internazionale). L'autore, dopo aver ristampato autonomamente questo testo diverse volte negli ultimi anni, ha deciso di ristamparlo, ad uso manoscritto, presso l'editrice Shalom.

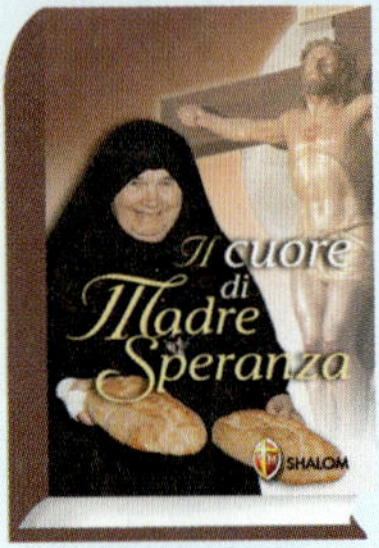

IL CUORE DI MADRE SPERANZA

Formato: cm. 12 x 19
Pagine: 320
Prezzo: € 5,00
CODICE D'ORDINE 8165

ISBN 978-88-86616-99-6

AUTORE

Alcuni Sacerdoti della Congregazione dei figli dell'Amore Misericordioso

CONTENUTI

- E Dio la chiamò Speranza
- La personalità di Madre Speranza
- L'aspetto morale del messaggio di Madre Speranza
- Testamento spirituale di Madre Speranza
- Preghiere e novena a Madre Speranza

Questo testo presenta il meraviglioso percorso di vita e di carità di Madre Speranza, una donna straordinaria, che ha testimoniato ogni giorno l'amore di Cristo e che ha lottato per portare avanti le opere indicatele da Gesù. Attraverso le testimonianze e i ricordi delle persone che hanno condiviso con lei momenti importanti e frammenti di vita, e dei maggiori esperti e studiosi di questa figura così ricca, scopriamo quanto la Misericordia abbia plasmato questa semplice suora spagnola, che si è lasciata avvolgere e riempire completamente dall' Amore Misericordioso di Gesù, rendendo la sua vita un continuo inno d'amore e speranza e mettendosi sempre al servizio dei più deboli e dei più indifesi.

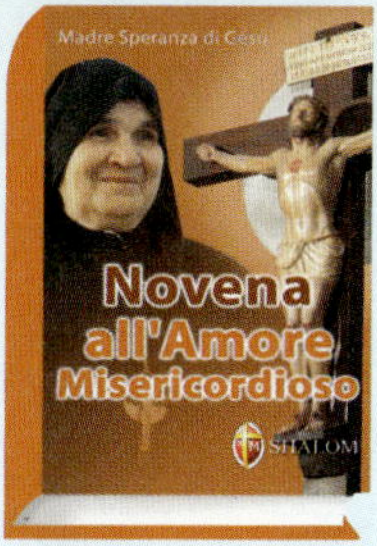

ISBN 978-88-86616-48-5

AUTORE

Madre Speranza di Gesù

CONTENUTI

- Novena all'Amore Misericordioso
- Litanie all'Amore Misericordioso

NOVENA ALL'AMORE MISERICORDIOSO

Formato: cm. 10 x 14
Pagine: 32
Prezzo: €1,00
CODICE D'ORDINE 8192

"Dio non vuole essere considerato come un padre offeso e disgustato per le ingratitudini dei suoi figli né come giudice severo e pronto a condannarli ed infliggere loro un castigo, ma un padre tutto bontà che li ama, li perdona, dimentica le loro offese e non le tiene in conto".

Venerabile Madre Speranza di Gesù

In comodo formato tascabile, una bella novena per esprimere la propria devozione a Madre Speranza per chiedere una grazia al Signore per sua intercessione.

IL SACRAMENTO DEL PERDONO

Formato: cm. 11 x 17
Pagine: 256
Prezzo: € 4,00
CODICE D'ORDINE 8205

ISBN 978-88-8404-057-4

AUTORE
Padre Silvano Bracci ofm

CONTENUTI
- Presentazione di Mons. Giuseppe Chiaretti
- Per iniziare il discorso
- Un Padre misericordioso
- La Riconciliazione nella Chiesa
- Un sacramento in crisi
- Festa di famiglia
- Celebrare la Riconciliazione
- Esempi e parole di Santi
- Maria madre di misericordia e rifugio dei peccatori
- Per celebrare il Sacramento della Riconciliazione

Viviamo in una società in cui siamo disposti a raccontare tutto di noi stessi, anche le cose più intime e personali, sulle radio, su internet, blog, forum, messanger...
Non ci si dovrebbe quindi vergognare di aprire il proprio cuore al ministro di Dio, che mentre confessa rappresenta Cristo: Cristo che mi ascolta, Cristo che mi incoraggia, Cristo che mi dice "alzati e cammina".

Se anche a te è venuto a mancare il senso del peccato...
Se anche nel tuo cuore c'è il profondo desiderio dell'Amore e della Misericordia di Dio...

Coraggio, non temere, non vergognarti: Cristo ti aspetta a braccia aperte in confessionale per perdonarti tutto!
Ritroverai la pace e la gioia che cerchi. Perché rimandare ancora?
Dio ti ama.
Per lui sei tutto.

PER CONFESSARSI

Formato: cm. 10 x 14
Pagine: 64
Prezzo: € 1,50
CODICE D'ORDINE 8344

ISBN 978-88-8404-095-4

AUTORE

Monsignor Alessandro Maggiolini

CONTENUTI

- La dottrina sul peccato e sul sacramento del perdono
- Esame di coscienza
- Il rito della riconciliazione
- Altre preghiere di pentimento e di gratitudine
- Confessione frequente e direzione spirituale

Tutta l'esperienza pastorale di Mons. Alessandro Maggiolini, in questa piccola guida che accompagna il fedele che vuole confessarsi, prima, durante e dopo aver ricevuto il sacramento. Tante volte l'emozione o il tanto tempo trascorso dall'ultima confessione ci mettono in ansia, non ci fanno ricordare i vari "passaggi", che cosa dobbiamo fare o dire, d'ora in poi non avremo più problemi...

INVITO ALL'AMORE

Formato: cm. 13 x 19
Pagine: 512
Prezzo: € 9,00
CODICE D'ORDINE 8251

ISBN 978-88-8404-124-1

AUTORE
Suor Josefa Menéndez R.S.C.J.

CONTENUTI
- Tradotto dal diario originale della suora, reso più agile e attuale in una forma d'italiano corrente.
- Le preghiere dettate a suor Josefa da Gesù.

EDIZIONE PREGIATA E A COLORI

Dal diario originale di suor Josefa Menéndez, agile e attuale in una forma di italiano corrente. Tramite suor Josefa il Signore ci richiama a contemplare la sua presenza viva e reale nell'Eucaristia e ribadisce il suo desiderio ardente di amare l'uomo. Egli attende nel Tabernacolo ogni persona per colmarla di grazie e consolarla dai suoi affanni.

SANT'ALFONSO MARIA DE LIGUORI

LE GLORIE DI MARIA

EDIZIONE PREGIATA E ILLUSTRATA

Formato: cm. 12 x 19
Pagine: 480
Prezzo: € 7,00
CODICE D'ORDINE 8243

ISBN 978-88-8404-216-3

AUTORE
Sant'Alfonso Maria de Liguori

CURATORE
Padre Gilberto Silvestri C.Ss.R.

CONTENUTI

- Commento alla Salve Regina
- Le sette feste principali di Maria
- Riflessione sui sette dolori di Maria
- Le Virtù di Maria Santissima

"Le glorie di Maria" è il più grande capolavoro mariano di sant'Alfonso Maria de Liguori, che ancora oggi con forza irresistibile continua ad alimentare la pietà popolare.

Esso è composto da varie meditazioni sulle parti che costituiscono la Salve Regina, le sette principali feste di Maria, i sette dolori di Maria, le Virtù di Maria Santissima, ossequi di devozione e quasi 100 esempi dell'azione di Maria Santissima.

Come quasi tutte le Opere di sant'Alfonso si tratta di un testo non tanto da leggere ma che costituisce la materia per pregare: prendi, caro lettore, queste pagine che comunicano luce e calore; leggile in tutti i sabati dell'anno o almeno nelle principali festività mariane. Anche tu constaterai commosso come "Le glorie di Maria" sono il più bel libro scritto in italiano sulla Madonna.

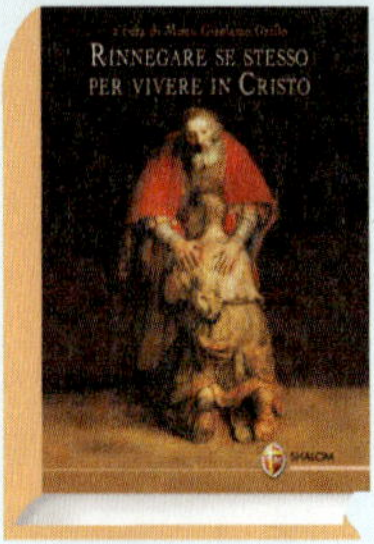

RINNEGARE SE STESSO PER VIVERE IN CRISTO

NOVITÁ

Formato: cm. 11 x 17
Pagine: 384
Prezzo: € 5,00
CODICE D'ORDINE 8461

ISBN 978-88-8404-219-4

AUTORE
Suor Maria-Ionela

CURATORE
Mons. Girolamo Grillo

CONTENUTI
- L'egoismo e l'amor proprio
- L'invidia e l'astio
- L'odio: come si vince
- L'immodestia
- La mancanza di dominio di se stessi
- La menzogna
- La maldicenza e il pettegolezzo
- La curiosità: essere tutto "occhi" e "orecchi"
- L'incostanza
- L'infedeltà
- La tiepidezza e il torpore spirituale
- Lo spreco del tempo

...e tanti altri...

Nel 1948 il governo rumeno dichiara fuorilegge la Chiesa greco-cattolica, perseguitando chiunque vi rimanesse fedele. In questo contesto di ateizzazione, dove il mondo del peccato sembra prendere il sopravvento, si inserisce la vicenda umana, spirituale e mistica di suor Maria-Ionela, reclusa per dieci anni a causa della sua fede. In quegli anni di prigionia, di isolamento e di silenzio scrive, dapprima sulla "carta" del cuore e poi sulla "carta" della memoria, alcune meditazioni frutto di un dialogo profondo e intimo con il Cristo. Anzi, suor Maria-Ionela fa parlare quasi sempre il Cristo, con uno stile che si avvicina a quello di santa Faustina Kowalska. Nelle meditazioni, adatte anche ad un corso di esercizi spirituali, ella induce il lettore ad intuire la presenza e l'opera dello stesso Figlio di Dio e della sua Mamma dolcissima! Ci troviamo di fronte ad un'anima profondamente innamorata di Cristo e di Maria: di certo nessuno potrà leggere queste pagine senza restarne affascinato e conquistato!

GIORGIO LA PIRA UOMO DI DIO

TRATTI DI SPIRITUALITÀ DEL SINDACO SANTO

NOVITÀ

Formato: cm. 11 x 17
Pagine: 256
Prezzo: € 5,00
CODICE D'ORDINE 8492

ISBN 978-88-8404-224-8

AUTORE

Valerio Torreggiani
e Anna Maria Gidoni

CONTENUTI

- Cronologia della vita
- Sintesi di una vita: contemplazione e azione
- Gli anni giovanili
- La Pira uomo di fede
- La Pira uomo di preghiera
- L'impegno sociale e politico
- La Pira e la croce. Sulla via della santità
- La Pira e l'amore a Maria
- Gli ultimi anni
- Capisaldi della fede e spiritualità di La Pira

...e altro ancora...

È' una bellissima e preziosa raccolta che mette in rilievo la sua figura di cristiano genuino. Quanto è di attualità! Potessero i nostri uomini politici guardare a lui! Ma ci interpella tutti con il suo esempio di coerenza evangelica, come dice fra l'altro il Card Benelli: "tutti siamo debitori a Giorgio La Pira di questa chiara testimonianza di fortezza nella fede".

Card. Angelo Comastri
Vicario Generale di Sua Santità per la Città del Vaticano

L'esempio di Giorgio La Pira aiuti a ridestare nella Chiesa e nella società civile una "nuova generazione di laici impegnati", così come auspica Benedetto XVI. Occorre per questo che nella vita di noi cristiani, come lo è stato nella vita di La Pira, il primo posto tornino ad averlo la Parola di Dio, l'Eucaristia, la preghiera, la devozione alla Madonna, l'amore disinteressato del prossimo, il perseguimento del bene comune e l'impegno costante per una formazione morale e religiosa che si radichi nel Vangelo.

SANTA GIANNA BERETTAMOLLA

TUTTI I COLORI DELLA VITA

DONNA, SPOSA, MAMMA... SANTA

Formato: cm. 11 x 17
Pagine: 512
CODICE D'ORDINE 8475

ISBN 978-88-8404-226-2

AUTORE
Cristina Selva

CONTENUTI
- Alle radici della santità
- La santità di famiglia respirata nell'infanzia
- Gli anni dell'adolescenza: inizia la corsa verso la santità
- La santità nella giovinezza
- La santità nel matrimonio
- La santità nella maternità
- La santità nella morte

PROSSIMA USCITA

Perché proporre l'eroica testimonianza di Gianna Beretta Molla? Perché la sua biografia è un richiamo a difendere la vita (fin dal suo concepimento), il matrimonio e la famiglia, oggi attentati in vari modi; è un'esortazione ai giovani a vivere coerentemente e con gioia la propria fede; un appello ai medici a vivere la propria professione come una missione. Da famiglie sante nascono figli santi!

SAN MASSIMILIANO KOLBE

L'INNAMORATO DI MARIA

PROSSIMA USCITA

Formato: cm. 11 x 17

CODICE D'ORDINE 8368

Massimiliano Maria Kolbe nasce nel 1894 a Zdunska-Wola, in Polonia. Entra nell'ordine dei francescani e, mentre l'Europa si avvia a un secondo conflitto mondiale, svolge un intenso apostolato missionario in Europa e in Asia. Ammalato di tubercolosi, Kolbe dà vita al "Cavaliere dell'Immacolata", periodico che raggiunge in una decina d'anni una tiratura di milioni di copie. Nel 1941 è deportato ad Auschwitz. Qui è destinato ai lavori più umilianti, come il trasporto dei cadaveri al crematorio. Nel campo di sterminio Kolbe offre la sua vita di sacerdote in cambio di quella di un padre di famiglia, suo compagno di prigionia. Muore pronunciando "Ave Maria". Sono le sue ultime parole, è il 14 agosto 1941. Giovanni Paolo II lo ha chiamato "patrono del nostro difficile secolo". La sua figura si pone al crocevia dei problemi emergenti del nostro tempo: la fame, la pace tra i popoli, la riconciliazione, il bisogno di dare senso alla vita e alla morte.

CONTENUTI

- La vita
- La personalità
- Perle tratte dai suoi scritti
- I Discorsi di Paolo VI e Giovanni Paolo II
- Le sue preghiere
- Preghiere per chiedere la sua intercessione
- Novena a San Massimiliano Kolbe per conoscerlo, venerarlo e imitarlo

LA FAMIGLIA DI GESÙ

TEOLOGIA DELLA SANTA FAMIGLIA

PROSSIMA USCITA

Formato: cm. 11 x 17
Pagine: 128
Prezzo: € 3,00
CODICE D'ORDINE 8469

ISBN 878-88-8404-222-4

AUTORE
Padre Tarcisio Stramare osj

CONTENUTI
- La bellezza dell'ordine creato da Dio.
- La perdita della libertà del dono.
- Il figlio di Dio assume la nostra condizione di uomini.
- Gesù volle far parte di una famiglia.
- La coppia che rinnova la storia del "bell'amore".
- L'immagine dello sposo e della sposa.
- Il sacro vincolo di carità.

...e tanti altri...

L'unico Figlio di Dio "venendo ad assumere la nostra condizione di uomini, volle far parte di una famiglia", scegliendo di vivere nella Casa di Nàzaret. In quella singolare dimora, "nascosta ai grandi della terra e alla fama del mondo", la vita familiare è riportata "alla dignità alta e pura della sua origine". Si tratta, infatti, della Casa, dove tra "la Vergine Madre e Giuseppe, l'uomo giusto a lei sposo", "regna l'amore coniugale intenso e casto"; dove nel Figlio di Dio "rifulge la docile obbedienza"; e dove "la vicenda di giorni operosi e sereni" è accompagnata dalla "concordia dei reciproci affetti".
La preghiera della Liturgia ambrosiana, da cui sono desunte queste espressioni, delinea perfettamente la teologia della Santa Famiglia, che in questo testo cercherò di sviluppare alla luce della Sacra Scrittura e del Magistero, particolarmente attento alle difficoltà di tutte le famiglie, alle quali rivolge il pressante invito di guardare "con venerazione e speranza gli esempi della Santa Famiglia".

CALENDARIO STRAPPO 2010

GESÙ CONFIDO IN TE

Formato: cm. 10 x 15
Pagine: 736
Prezzo: € 7,00
CODICE D'ORDINE 43

ISBN 978-88-8404-225-5

CONTENUTI

Ogni giorno sono riportati:

- Almeno tre santi del giorno
- Le frasi del Diario di santa Faustina
- Una bella immagine della Divina Misericordia
- Tutte le informazioni liturgiche e il passo di Vangelo che viene letto in tutte le chiese del mondo

Il calendario a strappo "Gesù confido in te" è dedicato alla Divina Misericordia di Dio; il Signore ha affidato a Santa Maria Faustina Kowalska la missione di far conoscere al mondo intero il messaggio della Divina Misericordia, lasciando sugli scritti della suora una preziosissima fonte dalla quale abbiamo attinto le Sue parole ed i pensieri della Santa. Ogni giorno si potranno conoscere i nomi di ben tre santi che la Chiesa festeggia in quella data, uniti alle frasi tratte dal Diario. Girando il foglio, poi, ecco un vero calendario liturgico che oltre alle letture della celebrazione eucaristica del giorno , offre le indicazioni della Liturgia delle Ore, il Santo che la Chiesa festeggia nelle celebrazioni liturgiche, specificandone il grado: solennità, festa, memoria e soprattutto, il passo del Vangelo del giorno (riportato per intero o nel suo messaggio centrale). Basta, dunque, strappare il foglio per portare con sé la Parola del Signore e poterla rileggere e meditare più volte nella giornata ovunque siamo.